Benesse

マンガでわかる!

小学生が身につけたい!
考えるチカラ

どう付き合う?
ネットの世界

監修 木村翔太
学芸大学附属世田谷小学校教諭

サンキュ! 特別編集

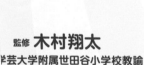

はじめに

「インターネットの世界《せかい》」について考《かんが》えてみよう！

みんな、ハサミを使《つか》ったことはあるよね。
ハサミは何千年《なんぜんねん》も前《まえ》からあったといわれていて、
ハサミが発明《はつめい》されたおかげで、
物《もの》を切《き》ることがとても簡単《かんたん》になった。
でも、ハサミって使《つか》い方《かた》をまちがえると、
自分《じぶん》の指《ゆび》を傷《きず》つけてしまう危険《きけん》もある。

つまり、メリット（いいこと）とデメリット（よくないこと）を
きちんと知《し》って、どう使《つか》うかを判断《はんだん》しなければ、

どんなものも便利《べんり》にも危険《きけん》にもなってしまうんだ。
じゃあ、人類《じんるい》の生活《せいかつ》を大《おお》きく変《か》えたといわれる、
大発明《だいはつめい》のインターネットはどうだろう。
みんなはふだんインターネットを使《つか》っている？
どんなことが便利《べんり》かな？　どんなことに気《き》をつけているかな？

「明日《あす》から学校《がっこう》が全部《ぜんぶ》オンラインになります！」となったら、
みんなはうれしい？　それとも悲《かな》しい？
実際《じっさい》にそんなことになっちゃった、コメカミ小学校《しょうがっこう》の子《こ》どもたち
といっしょにインターネットについて考《かんが》えていこう！

木《き》村《むら》翔《しょう》太《た》

目《もく》次《じ》

第《だい》2章《しょう》　ネットの情報《じょうほう》

第《だい》3章《しょう》 デジタルの写真《しゃしん》・動画《どうが》

第《だい》4章《しょう》 ネットショッピング

第《だい》5章《しょう》　情報発信《じょうほうはっしん》のマナー

プロローグ

明日《あす》からオンライン授業《じゅぎょう》だって!?

わたしはビット
カッ
ビット
これから
コメカミ小学校《しょうがっこう》で
起《お》きることを解説《かいせつ》して
いきますので、
どうぞよろしく!
コメカミ小学校《しょうがっこう》
ズズズズ!!
よく考《かんが》えたら、
こんな暑《あつ》い中《なか》
わざわざ学校《がっこう》に
来《こ》なくても
いいじゃん
オンラインも
あることだし
校《こう》長《ちょう》
ということで
明日《あす》から
オンラインで
よろしくー!
ざわ
ざわ
ざわ
ざわ
5-1

さっき校長先生《こうちょうせんせい》から話《はなし》があったように明日《あす》からしばらくの間《あいだ》学校《がっこう》はオンラインになります
イツキ
これからの時代《じだい》はオンラインでのやりとりも増《ふ》えるだろうから慣《な》れていきましょう
オウタ
ただし、出席《しゅっせき》はとるのでサボらないように！
びしっ
先生《せんせい》！
オンラインなんて反対《はんたい》です！
だって…
マツリ
みんなと遊《あそ》べないじゃないですか～っ！
オロロ～ン
じょぱーっ
マツリさん座《すわ》りなさい
たしかに
オンラインでも遊《あそ》べますよ～
ムッ
オウタはいっつも部屋《へや》でゲームしてるオタクだからいいかもしれないけど
たしかに
ムムッ
マツリさんは暑《あつ》くてもバカみたいに外《そと》で遊《あそ》んでますもんね～

ゴゴゴゴゴ
ばち
ばち
うーん…オンラインかぁ
学校《がっこう》に来《こ》なくていいのは楽《らく》だけどみんなに会《あ》えないのはな…
あーぁ、最悪《さいあく》！
オンライン授業《じゅぎょう》なんてつまんないよ
しばらくって、いつまでなんだろう
毎日《まいにち》こうして歩《ある》いて通学《つうがく》するよりクーラーの効《き》いた部屋《へや》の中《なか》で過《す》ごすほうが楽《らく》だと思《おも》いますけどねぇ
イッキはどうなのよ？
えっ！
どうなんだろう…
まぁ、始《はじ》まったらわかるんじゃない？
じゃあ またあした～

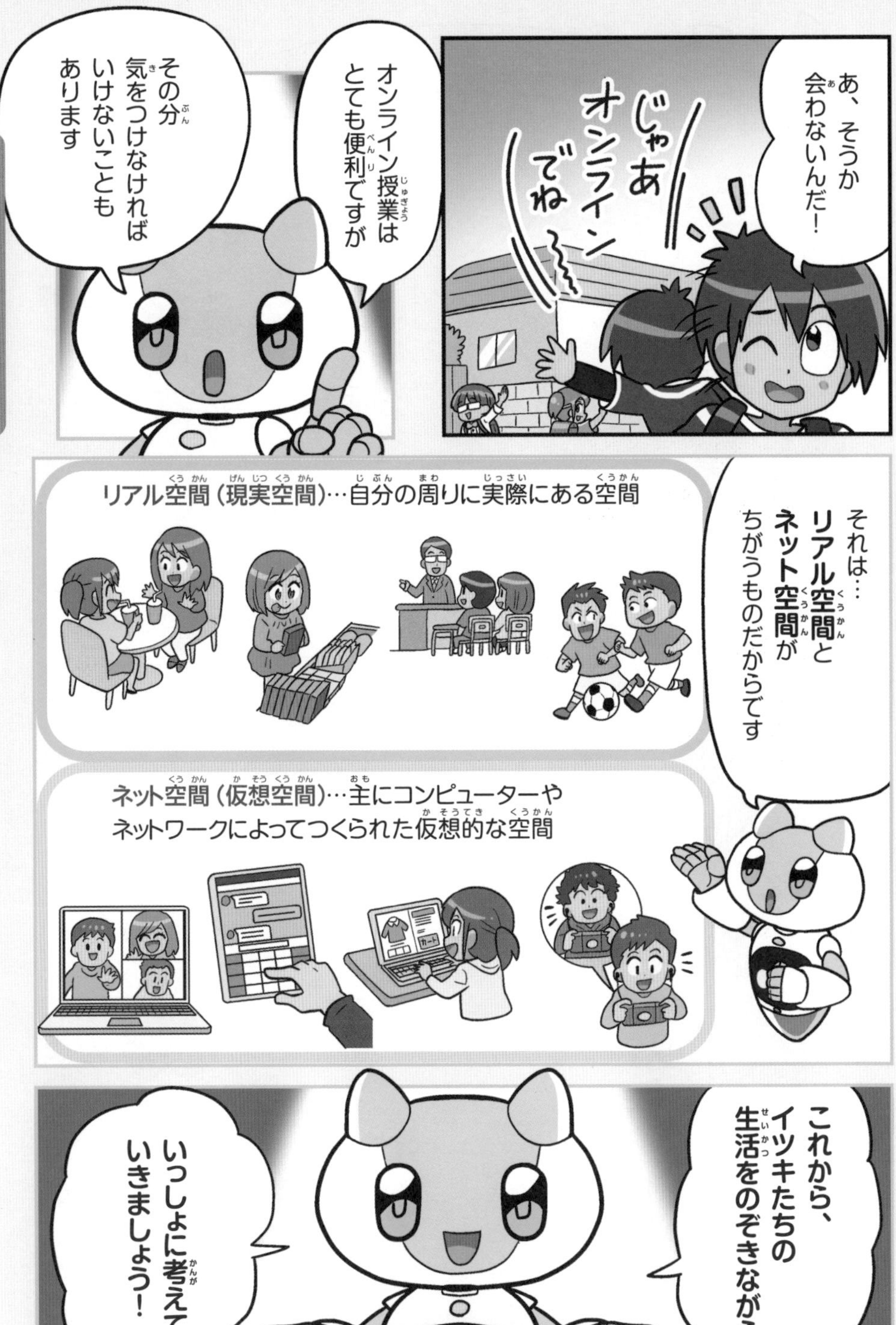
あ、そうか 会《あ》わないんだ!
じゃあ オンラインでね〜
オンライン授業《じゅぎょう》は とても便利《べんり》ですが
その分《ぶん》 気《き》をつけなければ いけないことも あります
それは… リアル空間《くうかん》と ネット空間《くうかん》が ちがうものだからです
リアル空間《くうかん》(現実空間《げんじつくうかん》)…自分《じぶん》の周《まわ》りに実際《じっさい》にある空間《くうかん》
ネット空間《くうかん》(仮想空間《かそうくうかん》)…主《おも》にコンピューターや ネットワークによってつくられた仮想的《かそうてき》な空間《くうかん》
カート
これから、イッキたちの 生活《せいかつ》をのぞきながら
いっしょに考《かんが》えて いきましょう!

登場《とうじょう》するキャラクター

ネットの世界《せかい》について解説《かいせつ》します

ビット

インターネットにくわしいガイド役《やく》のAI《エーアイ》ロボット。ネットの世界《せかい》の基礎知《きそち》識《しき》やしくみ、マナーなどをやさしく教《おし》えてくれる。

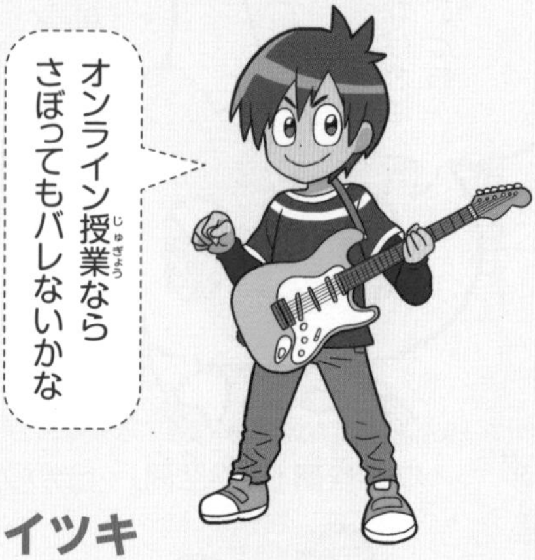
オンライン授業《じゅぎょう》ならさぼってもバレないかな

イツキ

コメカミ小学校《しょうがっこう》の5年生《ねんせい》。人《ひと》に流《なが》されやすく、少《すこ》しぬけたところがある。あれこれ失敗《しっぱい》しながらネットとの付《つ》き合《あ》い方《かた》を学《まな》んでいる。

ネットもいいけど外《そと》でも遊《あそ》びたいな！

マツリ

イツキのクラスメート。サッカーが大《だい》好《す》きな元気《げんき》な女《おんな》の子《こ》で、思《おも》ったことをはっきり言《い》うタイプ。ネットの世界《せかい》よりリアルな世界《せかい》での関《かか》わりが好《す》き。

ネットはとても便利《べんり》ですよ～

オウタ

イツキのクラスメート。物知《ものし》りで、りくつっぽい男《おとこ》の子《こ》。ゲームオタクで、リアル世界《せかい》での外遊《そとあそ》びよりネットの世界《せかい》が好《す》き。

第《だい》1章《しょう》

かんちがいだらけ？

オンライン
コミュニケーション

オンライン授業《じゅぎょう》スタート！

ピピピピピ
ピピピ…
カチ
…
…は
ガーン
やばい！ちこくだー！
ダー
ダダダダ
あ
今日《きょう》から学校《がっこう》に行《い》かなくていいんだった
いつもより朝《あさ》、のんびりできるぞ！
ん〜〜

しかも オンラインだから
授業《じゅぎょう》っていっても、どうせカメラに映《うつ》るのは上半身《じょうはんしん》だけ…
下《した》は着《き》がえなくていいじゃん!
オンラインって最高《さいこう》だな!
じゃーん
それじゃあ オンライン授業《じゅぎょう》…
P!
スタートだ!!

ばんっ
わあ！なんか新《しん》せん
学校《がっこう》にいるときもなかなか全員《ぜんいん》の顔《かお》を見《み》ることって少《すく》ないから
じゃあ、出席《しゅっせき》を確認《かくにん》するぞー
アオイ
ハイ
ケンタ
イッキ！
はい
イッキ、いつまでもパジャマでいないで早《はや》くしなさい！
ち、ちょっとお母《かあ》さん、もう授業《じゅぎょう》始《はじ》まってるから…
わははははは
しぃ～～～！！
あら
ゴメンー

イッキ、見《み》えないからって下《した》はパジャマのままなんだろう
はははは
実《じつ》は先生《せんせい》もだ！今日《きょう》は家《いえ》だからな
あはははは
マジー!? ヤダー
オレも
ボクの次《つぎ》はサダオだ
あれ？そう言《い》えばサダオの顔《かお》を見《み》ていないような…
先生《せんせい》、サダオがいません
サダオは家《いえ》でインターネットがつながってないって言《い》ってました
学校《がっこう》からモバイルWi《ワイ》-Fi《ファイ》ルーターを貸《か》し出《だ》すことになっているんだが
とう着《ちゃく》が明日《あす》になるからサダオは明日《あす》からの参加《さんか》だ
ルーターって何《なん》だろう？
インターネットが使《つか》える家《いえ》ばかりじゃないんだな
オンライン授業《じゅぎょう》は便利《べんり》なことばかりじゃなさそうだぞ

インターネットはどうやってつながっているの？

複数《ふくすう》のコンピューターをケーブルなどでつなぎ、おたがいに情報《じょうほう》のやりとりをするつながりのことをネットワークといいます

家《いえ》や学校《がっこう》など、小《ちい》さなかたまりごとのネットワークどうしをつなげたのがインターネットです

インターネット

「プロバイダ」という通信《つうしん》サービスを使《つか》って、ネットワークどうしがつながる。

インターネットは、遠《とお》くて知《し》らない場所《ばしょ》とも、あっという間《ま》につながることができるんだね！

実際《じっさい》に顔《かお》を合《あ》わせる「リアル空間《くうかん》」に対《たい》して、インターネットでつながる世界《せかい》を「ネット空間《くうかん》」といいます

インターネットがつながるしくみ

インターネットは世界中《せかいじゅう》のコンピューターにつながる巨大《きょだい》なネットワーク。簡単《かんたん》に情報《じょうほう》のやりとりができる。

プロバイダ

インターネットに接続《せつぞく》し、世界中《せかいじゅう》のネットワークにつながる入《い》り口《ぐち》を用意《ようい》する会社《かいしゃ》。

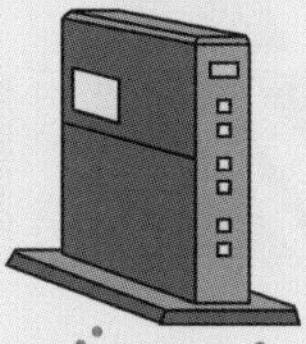

ルーター

家《いえ》の中《なか》にあるいろいろなデバイス(パソコンやスマホなど※くわしくはP62)を、インターネットに接続《せつぞく》する機械《きかい》。

Wi-Fi（ワイファイ）

ケーブル(線《せん》)を使《つか》わずに、見《み》えない電波《てんぱ》でインターネットにつなげる方法《ほうほう》。(ケーブルを使《つか》うこともできる)

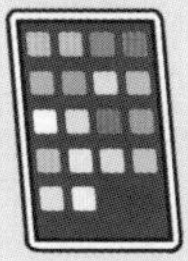

パソコン（パーソナルコンピューター）

個人用《こじんよう》のコンピューター。

スマホ（スマートフォン）

アプリを追加《ついか》して、いろいろな機能《きのう》が使《つか》えるけい帯《たい》電話《でんわ》。

タブレット

液《えき》しょうディスプレイの画《が》面《めん》にタッチして操作《そうさ》できる、持《も》ち運《はこ》びが便利《べんり》なコンピューター。

インターネットで見《み》かける「www」は、world wide web(ワールド・ワイド・ウェブ)の略《りゃく》で、世界中《せかいじゅう》であみの目《め》のようにネットワークが張《は》りめぐらされているという意味《いみ》です。

インターネットの特《とく》ちょうは？

インターネットのおかげで、調《しら》べものがとても便利《べんり》になったよね
インターネットって他《ほか》にどんなことができるんだろう

インターネットでできること

検《けん》さく（何《なに》かについて調《しら》べること）

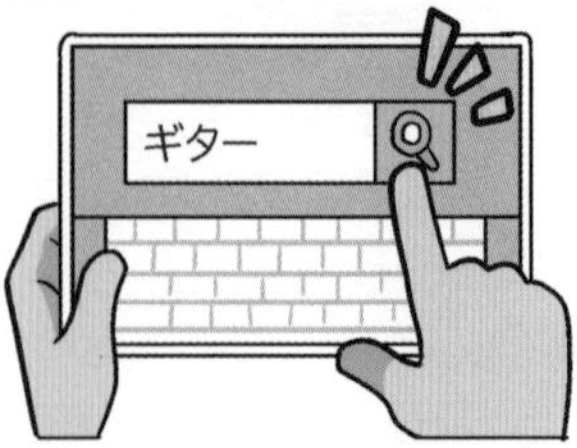
ギター

E《イー》メール・写真《しゃしん》の共有《きょうゆう》

チャット・けい示板《じばん》

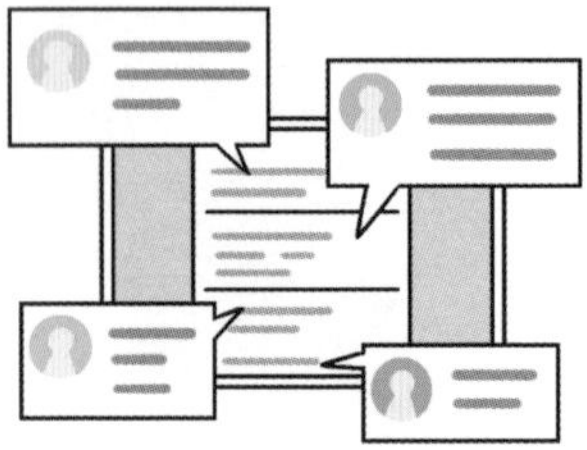

オンライン授業《じゅぎょう》・会議《かいぎ》

オンラインゲーム

ネットショッピング

メールが簡単《かんたん》に送《おく》れるようになったし、遠《とお》いところにいる友《とも》だちも増《ふ》えたよ
インターネットで、衛星写真《えいせいしゃしん》の地図《ちず》を見《み》ていたら、世界中《せかいじゅう》を旅行《りょこう》している気持《きも》ちになれました

インターネットの特《とく》ちょう

❶ **24時間《じかん》、いつでもアクセスできる**

❷ **情報量《じょうほうりょう》が多《おお》い**

❸ **リアルに会《あ》わなくても、多《おお》くの人《ひと》と交流《こうりゅう》できる**

この特《とく》ちょうは、メリットにもデメリットにもなるから、注意《ちゅうい》が必要《ひつよう》です

Point

インターネットにつなげるには、かん境《きょう》を整《ととの》えなくてはいけない。利用料《りようりょう》もかかるし知識《ちしき》も必要《ひつよう》なのです
いったん準備《じゅんび》ができてしまえば、あとは楽《らく》なんですけどね
いろいろな理由《りゆう》でオンラインに参加《さんか》できない人《ひと》もいそう。「みんなができて当《あ》たり前《まえ》」って考《かんが》えないほうがいいね

チャットの会話《かいわ》でトラブルに？

チャットが届《とど》きました
ピコーン
ん？
なんだ？
オウタ
からだ！
オンラインの授業《じゅぎょう》、
どうですか？
オウタ
へえ、授業中《じゅぎょうちゅう》に
こんなやりとりが
できるんだ～
前《まえ》はこっそり
手紙《てがみ》を回《まわ》したのが
見《み》つかって先生《せんせい》に
しかられたけど
これなら
バレなさそうだぞ
イシシシ
えーっと
オンラインの授業《じゅぎょう》、
どうですか？
オウタ
オンラインって
けっこういいね！
イツキ
ピコーン
カタカタ
えー、
この問題《もんだい》わかる
人《ひと》はいるか？

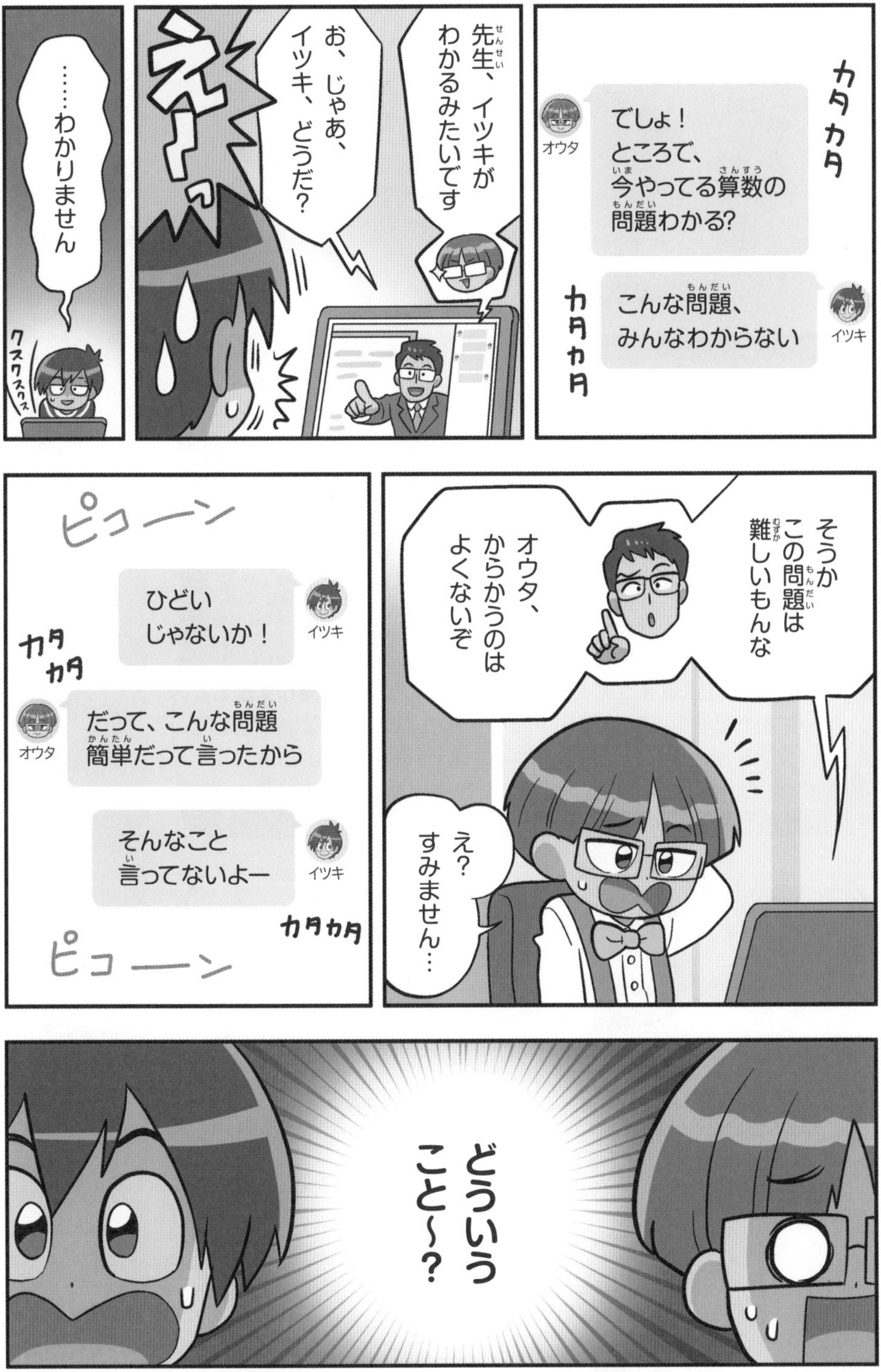
カタカタ
オウタ
でしょ！ところで、今《いま》やってる算数《さんすう》の問題《もんだい》わかる?
カタカタ
イツキ
こんな問題《もんだい》、みんなわからない
先生《せんせい》、イツキがわかるみたいです
お、じゃあ、イツキ、どうだ?
え〜っ
……わかりません
クスクスクス
そうか この問題《もんだい》は難《むずか》しいもんな
オウタ、からかうのはよくないぞ
え? すみません…
ピコーン
イツキ
ひどいじゃないか！
カタカタ
オウタ
だって、こんな問題《もんだい》簡単《かんたん》だって言《い》ったから
イツキ
そんなこと言《い》ってないよー
カタカタ
ピコーン
どういうこと〜?

文《ぶん》の意味《いみ》を読《よ》みちがえちゃう？

どうしてこんなすれちがいが起《お》きてしまったのか考《かんが》えてみましょう
イツキはどういう意味《いみ》で言《い》ったのかな…。オウタはどういう意味《いみ》だと思《おも》ったんだろう？
ところで、今《いま》やってる算数《さんすう》の問題《もんだい》わかる？
オウタ
こんな問題《もんだい》、みんなわからない
イツキ
「この問題《もんだい》は（難《むずか》しすぎて）、みんなわからないよ！」っていう意味《いみ》で書《か》いたよ
「この問題《もんだい》は（簡単《かんたん》すぎて）、みんなわかるんじゃない？」っていう意味《いみ》かと思《おも》いましたよ
そう伝《つた》わっちゃったのか！
確《たし》かに、どちらともとれる書《か》き方《かた》かもしれないわね

やってみよう！

意味《いみ》はどっち？

かんちがいが起《お》こりやすい例《れい》は他《ほか》にもあります

チャットの文字《もじ》をぱっと読《よ》んで、どっちの意味《いみ》だと思《おも》った？
もう一方《いっぽう》の意味《いみ》でとらえられる可能性《かのうせい》もあるのです。

どっち？

消《け》しゴムがなくなってない

消《け》しゴムがなくなって、ここにない

消《け》しゴムはなくなってはいない（ある）

どっち？

ヤスとサリのお母《かあ》さんに会《あ》った

ヤスのお母《かあ》さんと、サリのお母《かあ》さんに会《あ》った

ヤス本人《ほんにん》と、サリのお母《かあ》さんに会《あ》った

どっち？

名前《なまえ》を呼《よ》ぶので手《て》をあげてね

手《て》をあげたら、名前《なまえ》を呼《よ》ぶよ

名前《なまえ》を呼《よ》ばれたら、手《て》をあげてね

どっち？

大《おお》きなふくろに入《はい》ったボール

大《おお》きなふくろがあって、その中《なか》に入《はい》っているボール

ふくろに入《はい》っている、大《おお》きなボール

ポイント！

テキスト（文章《ぶんしょう》）だけのやりとりは、かんちがいが起《お》こりやすいので、送《おく》る側《がわ》も受《う》け取《と》る側《がわ》も注意《ちゅうい》が必要《ひつよう》。迷《まよ》ったらおたがいに意味《いみ》を確認《かくにん》しましょう。

文《も》字《じ》だけで気《き》持《も》ちは伝《つた》わる？

さっきは、文章《ぶんしょう》の意味《いみ》をかんちがいしてしまう例《れい》だったけれど…
そうじゃないかんちがいが起《お》きるときもあります

イツキとマツリのチャットのやりとりを見《み》てみましょう！

このあいだオウタと何《なに》話《はな》してたの?
イツキ
教《おし》えない
マツリ
あ、マツリから返事《へんじ》が来《き》た

なんかボクが仲間外《なかまはず》れにされているみたいなメッセージ、悲《かな》しいな…
う〜ん
え？なんで悲《かな》しくなるの？

なるほど！『教《おし》えない』をどんな気持《きも》ちで言《い》っているのかが、伝《つた》わらないんですね
その通《とお》り！

文字《もじ》だけで気持《きも》ちは伝《つた》わる?

このあいだオウタと何話《なにはな》してたの?
教《おし》えない
教《おし》えな～い♪
教《おし》えない！
ちょっとイツキをからかっただけだよ！
てっきりおこっているのかな、と思《おも》ったよ…

実際《じっさい》に会《あ》って話《はな》すときは、相手《あいて》の表情《ひょうじょう》や声《こえ》の調子《ちょうし》がわかるけれど、メールやチャットのやりとりだけだと、誤解《ごかい》が生《う》まれやすいのです
絵文字《えもじ》を入《い》れて、じょう談《だん》だってわかるようにすればよかったね

ポイント！

文字《もじ》だけで相手《あいて》の思《おも》いをわかるのは難《むずか》しい。オンラインの弱点《じゃくてん》をわかった上《うえ》で、その分《ぶん》気《き》をつかってていねいにやりとりしましょう。

だれかが悪口《わるぐち》を書《か》きはじめたら？

ワタシを仲間外《なかまはず》れにしたサッカーチームのグループチャットがあって、

ひどいこと書《か》かれていたことがわかったんだよね…

マツリについてのグループチャットを見《み》てみましょう!

マツリって出《で》しゃばりだよね

いつも自分《じぶん》が一番《いちばん》って感《かん》じ

調子《ちょうし》に乗《の》ってるかも

悲《かな》しくて夜《よる》もねられなかったのに、次《つぎ》の日《ひ》会《あ》ったらみんなふつうなんだよね…

グループチャットで、だれかの悪口《わるぐち》が書《か》かれると、みんな書《か》きはじめちゃうことってあるよね

つい軽《かる》い気持《きも》ちで、悪口《わるぐち》を書《か》いたのかもしれませんが、悪口《わるぐち》を書《か》かれて平気《へいき》な人《ひと》はいませんよね

じょう談《だん》じゃない! 読《よ》んだほうはつらいんだよ

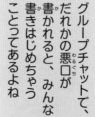

こんなときどうする?

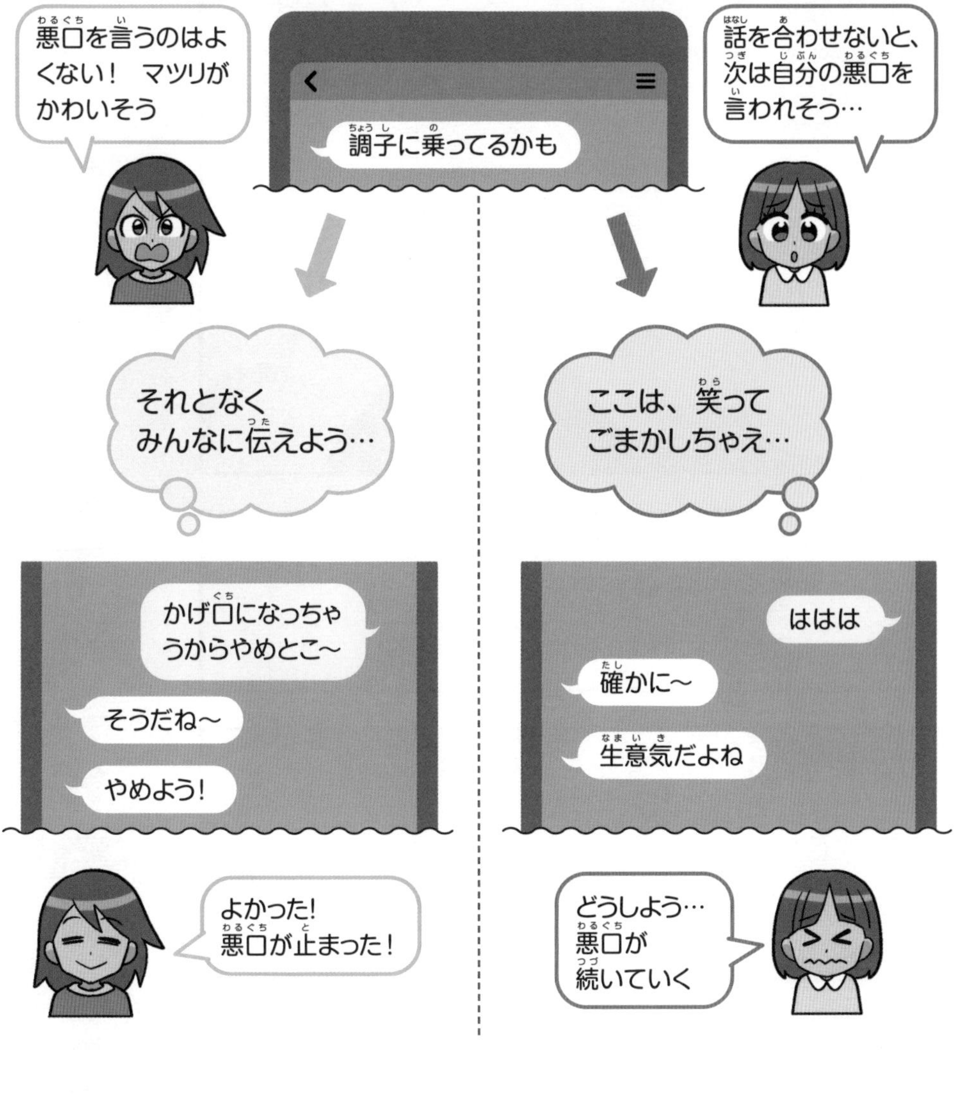
悪口《わるぐち》を言《い》うのはよくない！　マツリがかわいそう
調子《ちょうし》に乗《の》ってるかも
話《はなし》を合《あ》わせないと、次《つぎ》は自分《じぶん》の悪口《わるぐち》を言《い》われそう…
それとなくみんなに伝《つた》えよう…
ここは、笑《わら》ってごまかしちゃえ…
かげ口《ぐち》になっちゃうからやめとこ～
そうだね～
やめよう!
ははは
確《たし》かに～
生意気《なまいき》だよね
よかった!
悪口《わるぐち》が止《と》まった!
どうしよう…
悪口《わるぐち》が続《つづ》いていく

ポイント!

その場《ば》のふん囲気《いき》に流《なが》されて、友《とも》だちに意見《いけん》を合《あ》わせるのはよくありません。発《はつ》言《げん》をする前《まえ》に、よく考《かんが》えてみることが大切《たいせつ》です。

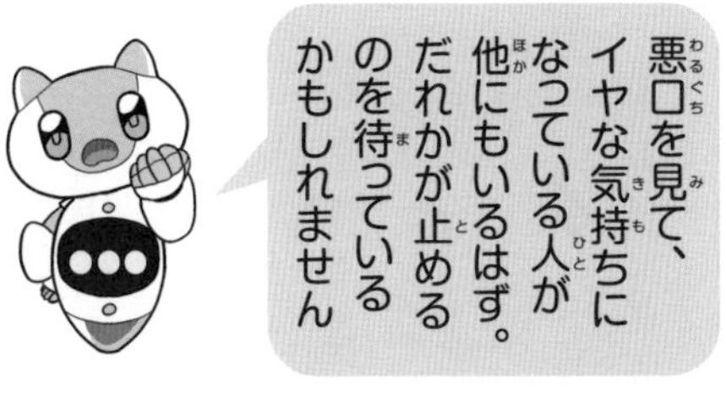
悪口《わるぐち》を見《み》て、イヤな気持《きも》ちになっている人《ひと》が他《ほか》にもいるはず。だれかが止《と》めるのを待《ま》っているかもしれません

ニックネームでだれかわかる？

チャットっていう
便利《べんり》な機能《きのう》が
あるんだ～
あ、
そういえば
秘密基地《ひみつきち》の
合《あ》い言葉《ことば》のこと
サトシに
聞《き》いてみようっと
連《れん》らく先《さき》
ポン
サトシは…
▽ s
sae
sakamoto_y
sato
s_hira
これだな
フンフ～ン♪
カタカタ
イツキ
秘密基地《ひみつきち》の合《あ》い言葉《ことば》って
「ちょんまげ」
でいいんだっけ?
ピコーン

ピコーン
sato
何《なん》の話《はなし》？
秘密基地《ひみつきち》？
ピコーン
イツキ
メンバーだけが
入《はい》れるように決《き》めてるでしょ？
その合《あ》い言葉《ことば》だよ
イツキ、もしかして
サトシとかんちがいしてる？
ワタシ、サトミだよ
カタ カタ
ガーン
やばい！
サトミに合《あ》い言葉《ことば》
バラしちゃったー!!!

「なりすまし」ってなに？

ネット空間《くうかん》で人《ひと》と関《かか》わるときに、特《とく》に注意《ちゅうい》すべきポイントは、相手《あいて》の顔《かお》が見《み》えないということです

今回《こんかい》はかんちがいだったけれど、相手《あいて》をだまそうとして、中《なか》にはわざとだれかになりすましている人《ひと》もいます

なりすましって？

他人《たにん》のふりをして行動《こうどう》することを「なりすまし」といいます。アカウント名《めい》やハンドルネーム（インターネット上《じょう》のニックネーム）を見《み》るだけだと、本当《ほんとう》に自《じ》分《ぶん》が思《おも》っている相手《あいて》かどうかはわかりません。

こんな「なりすまし」に注意《ちゅうい》！

なりすました相手《あいて》に気《き》が付《つ》かずに秘密《ひみつ》を話《はな》してしまった！

ネットで知《し》り合《あ》った人《ひと》に会《あ》ってみたら、性別《せいべつ》や年《ねん》れいがちがう人《ひと》だった！

クイズ！

下《した》の3つのスマホの画面《がめん》の中《なか》で、本当《ほんとう》に小学生《しょうがくせい》だといえるのはどの人《ひと》でしょう？

れい
@aaaaaa
おどるのが大好《だいす》きなの！
将来《しょうらい》はダンサーに
なりたくて
がんばってる!
なかよくしてね！
かな
@aaaaaa
マンガをかくのも読《よ》むの
も大好《だいす》き！
将来《しょうらい》はマンガ家《か》に
なりたいんだ!
なかよくしてね！
あい
@aaaaaa
小学《しょうがく》5年生《ねんせい》。
歌《うた》を歌《うた》うのが大好《だいす》き!
将来《しょうらい》はアイドルに
なりたいな♪
なかよくしてね！
アイコンが小学生《しょうがくせい》の写真《しゃしん》ですから本人《ほんにん》でしょう
アイコンが小学生《しょうがくせい》の好《す》きそうなアニメだから
自己《じこ》しょうかい文《ぶん》に“小学《しょうがく》5年生《ねんせい》”って書《か》いてあるから

答《こた》え

どれも絶対《ぜったい》に小学生《しょうがくせい》とは言《い》いきれません。
同《おな》じ年《とし》の女《おんな》の子《こ》かと思《おも》って話《はな》していたら、
“実《じつ》はおじさん”ということもありえます。

ポイント！

写真《しゃしん》やプロフィールは好《す》きなように書《か》きかえることができます。知《し》らない相手《あいて》には気軽《きがる》に個人情報《こじんじょうほう》や写真《しゃしん》をわたさないように気《き》をつけましょう。

オンラインゲームのわなって？

インターネットの世界《せかい》では、自分《じぶん》とはちがうキャラを演《えん》じるのも楽《たの》しみ方《かた》のひとつだけどね…

ぼくはオンラインゲームをするとき、マッチョな筋肉《きんにく》キャラのアバターにしていますよ

※アバターとは、ネットの世界《せかい》で使《つか》う自分《じぶん》の分身《ぶんしん》。

オンラインゲームって？

パソコンやスマホ・タブレット、ゲーム専用《せんよう》機器《きき》などから、インターネットを経由《けいゆ》して、他《ほか》のコンピューターとデータを交《こう》かんしながらゲームを進《すす》めるコンピューターゲームのひとつ。

強《つよ》い相手《あいて》にちょう戦《せん》したり、仲間《なかま》を集《あつ》めて協力《きょうりょく》したり、すごく楽《たの》しいですよ

実《じつ》はそのオンラインゲームでも、多《おお》くのトラブルが起《お》きていて、注意《ちゅうい》が必要《ひつよう》なのです

オンラインゲームで起《お》きやすいトラブル

NEWS《ニュース》

悪口《わるぐち》の言《い》い合《あ》いでトラブルに!?
チャット
A:ミスしちゃった
B:なにやってんだ消えろ
A:その言い方はひどい
B:うるさい！消えろ！
B:まじで使えねえ
B
A

B《ビー》さんがオンラインゲームで、チャットのやりとりをしている最中《さいちゅう》に悪口《わるぐち》の言《い》い合《あ》いになってしまいました。ゲームにのめりこみ過《す》ぎたのが原因《げんいん》のようです。

NEWS《ニュース》

住所《じゅうしょ》は
……
ゲームで個人情報《こじんじょうほう》をぬすまれた!?

A《エー》さんがオンラインゲームのチャット機能《きのう》で、悪質《あくしつ》なサイトにさそわれてしまいました。相手《あいて》は同《おな》じゲームの仲間《なかま》になって、名前《なまえ》や住所《じゅうしょ》などの個《こ》人情報《じんじょうほう》を引《ひ》き出《だ》そうとしたようです。

ゲームに夢中《むちゅう》でつい、
大切《たいせつ》なことを忘《わす》れて
しまうのかも
しれません

NEWS《ニュース》

ゲームに課金《かきん》して親《おや》におこられた！
10000

C《シー》さんは無料《むりょう》のゲームをしていたはずなのに、とちゅうでアイテムが有《ゆう》料《りょう》になり課金《かきん》してしまい、親《おや》にひどくおこられた模様《もよう》。子《こ》どもは絶対《ぜったい》に勝手《かって》に課金《かきん》をしてはいけません。

ポイント！

オンラインゲームにはどんなトラブルがあるのか理解《りかい》して、家庭内《かていない》で使《つか》い方《かた》のルールを決《き》めましょう。お金《かね》をつかうのは必《かなら》ず親《おや》と相談《そうだん》してからに。

気《き》をつけなきゃ
ひどい！

チャットやメールって
わざわざ会《あ》いに行《い》ったり
時間《じかん》を合《あ》わせたり
しなくていいのが
いいところですね
カタカタ
でも、会《あ》うと
相手《あいて》の様子《ようす》から
言《い》いたいことが
わかるけど
オンラインでは
うまく伝《つた》わらない
可能性《かのうせい》もある
のよね
カタカタカタ
ネット空間《くうかん》の
コミュニケーションは
対面《たいめん》のコミュニケーションと比《くら》べて
注意《ちゅうい》しなければいけないことが
あるよね
ピコーン
え～っと
言《い》ったことがまちがって
伝《つた》わってしまうこともある
A《エー》だよ
B《ビー》か
相手《あいて》が
自分《じぶん》の思《おも》っている人《ひと》とは
ちがう可能性《かのうせい》がある
だったね
サトシ
サトミ

相手《あいて》にどう伝《つた》わるかを意識《いしき》して文章《ぶんしょう》を送《おく》ったり相手《あいて》がどういうつもりで書《か》いているのかをよく考《かんが》えたりする必要《ひつよう》がありますね
文字《もじ》のやりとりに注意《ちゅうい》！
それに、相手《あいて》が自分《じぶん》の思《おも》っている人《ひと》とはちがうかもしれないって常《つね》に気《き》をつけておかないとね
わたし
顔《かお》の見《み》えない相手《あいて》に注意《ちゅうい》!!
オンラインでのやりとりは便利《べんり》で楽《らく》だけど、その分《ぶん》危険《きけん》もあるということをしっかり心《こころ》に留《と》めておかなきゃね！
イツキ！今日《きょう》オンラインゲームしようよ！
オーケー！じゃ、4時《じ》スタートで
楽《たの》しみ～

NEWS《ニュース》

インターネット誕生《たんじょう》の秘密《ひみつ》！

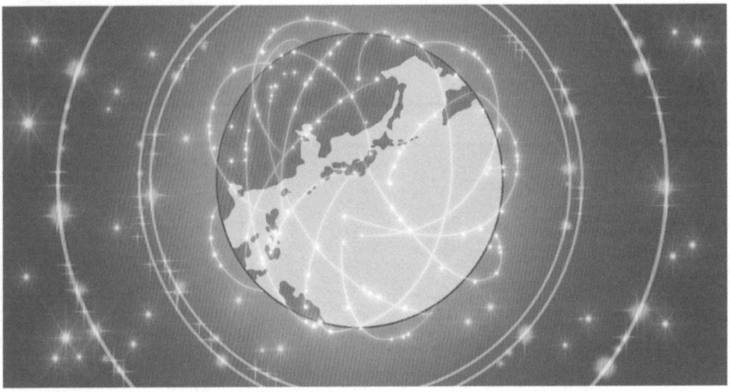

イツキキャスター

インターネットがあるのが当《あ》たり前《まえ》の世《よ》の中《なか》になっていますが、インターネットはいったいだれが、いつ、なんのために作《つく》ったものなのでしょう！

オウタキャスター

ふだんインターネットを使《つか》いまくっているぼくも、そんなこと考《かんが》えたことがありません。

マツリキャスター

みんなが意外《いがい》と知《し》らないそんなナゾを、ビットさんに解《かい》説《せつ》していただきたいと思《おも》います。

ビット解説員《かいせついん》

おまかせください！
では、左《ひだり》の年表《ねんぴょう》を見《み》てください。
はじめてインターネットが登場《とうじょう》したのは、1969年《ねん》のアメリカです。インターネットは軍事利用《ぐんじりよう》を目的《もくてき》に開発《かいはつ》された通信技術《つうしんぎじゅつ》でした。

インターネットの歴史《れきし》

1960年《ねん》～ アメリカ国防総省《こくぼうそうしょう》がインターネットの原型《げんけい》「アーパネット(ARPAnet)」を開発《かいはつ》

1980年《ねん》～ 日本《にほん》でインターネット接続《せつぞく》サービスが開始《かいし》
通信速度《つうしんそくど》がおそく通信料《つうしんりょう》が高《たか》いため、主《おも》に文字《もじ》のやりとり

1990年《ねん》～ 日本初《にほんはつ》のポータルサイト(※1)「Yahoo!《ヤフー》JAPAN《ジャパン》」開始《かいし》
検《けん》さくサイト「Google《グーグル》」開始《かいし》

2000年《ねん》～ インターネットが高速化《こうそくか》。利用料《りようりょう》も安《やす》くなり利用《りよう》が広《ひろ》まる
無線《むせん》ネットワーク「Wi《ワイ》-Fi《ファイ》」開始《かいし》
通販《つうはん》サイト「Amazon《アマゾン》(日本版《にほんばん》)」開始《かいし》
SNS《エスエヌエス》(※2)「Facebook《フェイスブック》」「Twitter《ツイッター》」開始《かいし》

2010年《ねん》～ スマホなどモバイルを使《つか》ったインターネット利用《りよう》が増《ふ》える
写真《しゃしん》・動画《どうが》のSNS《エスエヌエス》「Instagram《インスタグラム》」開始《かいし》
東日本大震災《ひがしにほんだいしんさい》を機《き》にメッセンジャーアプリ「LINE《ライン》」開始《かいし》

2020年《ねん》～ 生成《せいせい》AI《エーアイ》「チャットGPT《ジーピーティー》」開始《かいし》

※1 さまざまなコンテンツを見《み》られるサイト
※2 利用者《りようしゃ》どうしが交流《こうりゅう》できるサイトのサービス

研究者《けんきゅうしゃ》などが、議論《ぎろん》をしたり、情報《じょうほう》を交《こう》かんしあったりするために、インターネットは使《つか》われていたそうです。

一部《いちぶ》の研究者《けんきゅうしゃ》だけのものだったインターネットも、回線《かいせん》の高速化《こうそくか》や大容量化《だいようりょうか》で、あっという間《ま》に世界中《せかいじゅう》に広《ひろ》まったんですね。

解説《かいせつ》

世《よ》の中《なか》を便利《べんり》にしているインターネットが、最初《さいしょ》は軍事目的《ぐんじもくてき》だったとはおどろきですね！ みなさんも身《み》のまわりのものの誕生《たんじょう》の秘密《ひみつ》を調《しら》べてみてはいかがでしょう。

第《だい》1問《もん》

SNS《エスエヌエス》に投《とう》こうした写真《しゃしん》に、マツリの個人情報《こじんじょうほう》がわかるところがあるよ。写真《しゃしん》の❶～❾のどこにマツリの個人《こじん》情報《じょうほう》がかくれているかな？

名前《なまえ》だけが個人情報《こじんじょうほう》ではありません。マツリだと特定《とくてい》する情報《じょうほう》が、他《ほか》にもないか見《み》てみましょう。

答《こた》えは140ページにあるよ。

第《だい》2章《しょう》

ウソかホントか?

ネットの情《じょう》報《ほう》

社会科《しゃかいか》のレポート、何《なに》で調《しら》べる？

これで社会科《しゃかいか》の授業《じゅぎょう》を終《お》わりまーす
ふ〜っ これで今日《きょう》の勉強《べんきょう》終《お》わり！
オンラインって意外《いがい》とつかれるんだよな〜
じゃあ宿題《しゅくだい》を出《だ》すぞ〜
ズーン
「暑《あつ》い地域《ちいき》や寒《さむ》い地域《ちいき》の建物《たてもの》の特《とく》ちょう」を調《しら》べてレポートにまとめること！
えー!!
明日《あす》までに、オンラインで提出《ていしゅつ》するように！
あした〜〜!?

マツリの場合《ばあい》
行ってきまーーす!
ずっとオンラインでつかれちゃった
ワタシは図書館《としょかん》に行《い》って調《しら》べてこよっと♪
オウタの場合《ばあい》
カタ カタ
暑《あつ》い地域《ちいき》 建物《たてもの》 特《とく》ちょう
さて、ネットで検《けん》さくしますか
カタカタ
っと
イツキの場合《ばあい》
がばっ
どうしようかなー
図書館《としょかん》に行《い》くのも面《めん》どうだしネットで調《しら》べちゃおっと

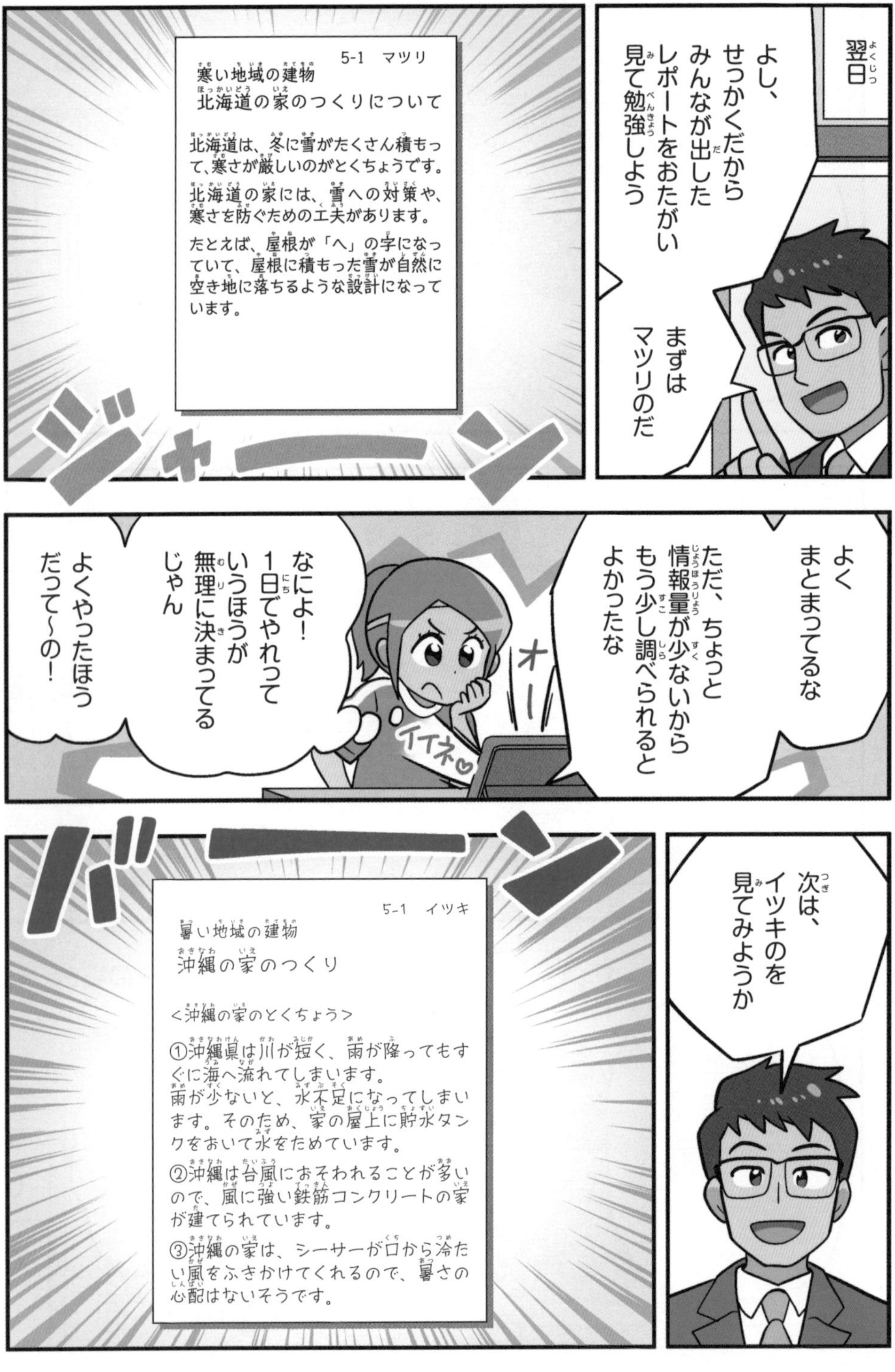
翌日《よくじつ》
よし、せっかくだから みんなが出《だ》した レポートをおたがい 見《み》て勉強《べんきょう》しよう
まずは マツリのだ
5-1　マツリ
寒《さむ》い地域《ちいき》の建物《たてもの》
北海道《ほっかいどう》の家《いえ》のつくりについて
北海道《ほっかいどう》は、冬《ふゆ》に雪《ゆき》がたくさん積《つ》もって、寒《さむ》さが厳《きび》しいのがとくちょうです。
北海道《ほっかいどう》の家《いえ》には、雪《ゆき》への対策《たいさく》や、寒《さむ》さを防《ふせ》ぐための工夫《くふう》があります。
たとえば、屋根《やね》が「へ」の字《じ》になっていて、屋根《やね》に積《つ》もった雪《ゆき》が自然《しぜん》に空《あ》き地《ち》に落《お》ちるような設計《せっけい》になっています。
ジャーーーン
よく まとまってるな
ただ、ちょっと 情報量《じょうほうりょう》が少《すく》ないから もう少《すこ》し調《しら》べられると よかったな
オー
なによ! 1日《にち》でやれって いうほうが 無理《むり》に決《き》まってる じゃん
よくやったほう だって〜の!
イイネ♡
次《つぎ》は、イツキのを 見《み》てみようか
バーーーン
5-1　イツキ
暑《あつ》い地域《ちいき》の建物《たてもの》
沖縄《おきなわ》の家《いえ》のつくり
<沖縄《おきなわ》の家《いえ》のとくちょう>
①沖縄県《おきなわけん》は川《かわ》が短《みじか》く、雨《あめ》が降《ふ》ってもすぐに海《うみ》へ流《なが》れてしまいます。
雨《あめ》が少《すく》ないと、水不足《みずぶそく》になってしまいます。そのため、家《いえ》の屋上《おくじょう》に貯水《ちょすい》タンクをおいて水《みず》をためています。
②沖縄《おきなわ》は台風《たいふう》におそわれることが多《おお》いので、風《かぜ》に強《つよ》い鉄筋《てっきん》コンクリートの家《いえ》が建《た》てられています。
③沖縄《おきなわ》の家《いえ》は、シーサーが口《くち》から冷《つめ》たい風《かぜ》をふきかけてくれるので、暑《あつ》さの心配《しんぱい》はないそうです。

うん、慣《な》れてないかもしれないけどしっかりがんばったことがよくわかるぞ
やった、ほめられた！
クスクス
なにこれ〜
先生《せんせい》、イッキのレポートの下《した》のほうを見《み》てください！
ん？
どんっ
わははは
③沖縄《おきなわ》の家《いえ》は、シーサーが口《くち》から冷《つめ》たい風《かぜ》をふきかけてくれるので、暑《あつ》さの心配《しんぱい》はないそうです。
え？ネットにはそう書《か》いてあったんだけど…
アハハハハ
ヤダー
イッキ、まじめにやってるのか？
やり直《なお》して明日《あす》再提出《さいていしゅつ》するように！
そんなー！
あの情報《じょうほう》はウソだったの〜

調《しら》べるときの注意点《ちゅういてん》って？

イッキはふざけていたわけではないのに、どうしてこんなことになってしまったのでしょう

ネットの情報《じょうほう》をあつかうときに、注意《ちゅうい》しなければいけないことがいくつかあります

チェック1 「情報元《じょうほうもと》」はどこ?

ネットにはたくさんの情報《じょうほう》があって、その情報《じょうほう》の質《しつ》はバラバラ。
“だれによって書《か》かれたものか”をよく確認《かくにん》する必要《ひつよう》がある。

沖縄大《おきなわだい》すき芸人《げいにん》
沖縄《おきなわ》の家《いえ》は、シーサーが口《くち》から冷《つめ》たい風《かぜ》をふきかけてくれるので、暑《あつ》さの心配《しんぱい》はないそうです。

ボクはいい情報《じょうほう》だと思《おも》ったんだけど…

“ネットは相手《あいて》の顔《かお》が見《み》えない”でしたね

だれが書《か》いたかわからないネットの情報《じょうほう》に比《くら》べると、専門家《せんもんか》が名前《なまえ》をしっかり出《だ》して書《か》いた情報《じょうほう》のほうが信《しん》らいできます

ポイント!

ネットはだれでも簡単《かんたん》に情報《じょうほう》を発信《はっしん》できます。専門家《せんもんか》が書《か》いた情報《じょうほう》もあれば、全《まった》くくわしくない人《ひと》が思《おも》ったことを適当《てきとう》に書《か》いた情報《じょうほう》もあるので注意《ちゅうい》が必要《ひつよう》です。

チェック 2 「いつ」の情報《じょうほう》?

ネットには、一度《いちど》のせた情報《じょうほう》がいつまでも残《のこ》っている。最新《さいしん》の情報《じょうほう》か、今必要《いまひつよう》としている時代《じだい》の情報《じょうほう》かどうかをチェックしよう。

全国《ぜんこく》のお天気情報《てんきじょうほう》
【8月《がつ》　東京《とうきょう》　最高気温《さいこうきおん》】
平均温度《へいきんおんど》:
28℃
1993年調《ねんしら》べ

これは、「8月《がつ》の東京《とうきょう》の日中最高気温《にっちゅうさいこうきおん》の平均《へいきん》は28℃」という情報《じょうほう》だよね

これを見《み》てレポートに書《か》くと、まちがった情報《じょうほう》になるね。よく見《み》ると、「1993年《ねん》」のデータ。今《いま》は当時《とうじ》よりかなり気温《きおん》が高《たか》くなっているからね
きちんとしたサイトにはその情報《じょうほう》が書《か》かれた日付《ひづけ》がのっているから、しっかり見《み》る必要《ひつよう》がありますね

ポイント!

専門家《せんもんか》が書《か》いた情報《じょうほう》だとしても、それが何十年《なんじゅうねん》も前《まえ》の情報《じょうほう》の可能性《かのうせい》があります。時代《じだい》が変《か》われば、ものの価値《かち》や生活《せいかつ》も変化《へんか》するので、レポートにふさわしいか確認《かくにん》しましょう。

チェック3 「他《ほか》の意見《いけん》」もチェックした？

最初《さいしょ》に見《み》つけた情報《じょうほう》を、すぐにレポートに書《か》くのは危険《きけん》。
極《きょく》たんな意見《いけん》の場合《ばあい》もあるので、他《ほか》の意見《いけん》とも比《くら》べよう。

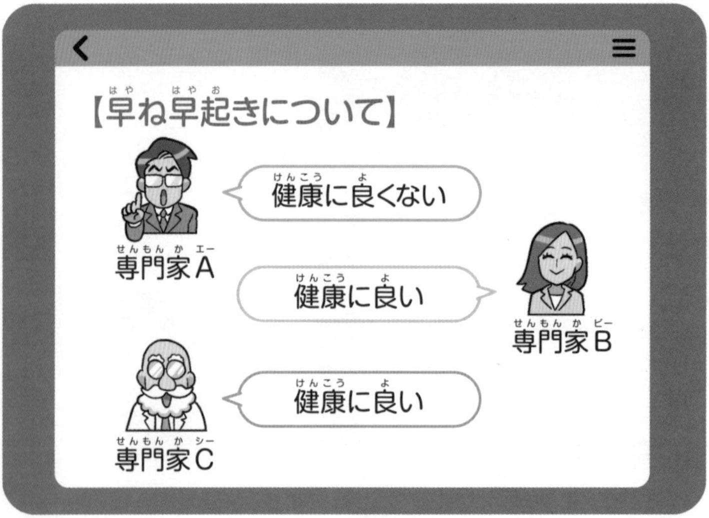
【早《はや》ね早起《はやお》きについて】
健康《けんこう》に良《よ》くない
専門家《せんもんか》A《エー》
健康《けんこう》に良《よ》い
専門家《せんもんか》B《ビー》
健康《けんこう》に良《よ》い
専門家《せんもんか》C《シー》

「早《はや》ね早起《はやお》き」について、3人《にん》の専門家《せんもんか》の意見《いけん》を比《ひ》かくしてみましょう

最初《さいしょ》に見《み》つけたA《エー》の意見《いけん》だけを見《み》ると、「早《はや》ね早起《はやお》きは健康《けんこう》に良《よ》くない」となるよね
でも、B《ビー》とC《シー》の「早《はや》ね早起《はやお》きは健康《けんこう》に良《よ》い」という意見《いけん》も合《あ》わせると…
「専門家《せんもんか》は、早《はや》ね早起《はやお》きは健康《けんこう》にいいと言《い》っているが、中《なか》には良《よ》くないと言《い》っている専門家《せんもんか》もいる」となりますね！

ポイント！

専門家《せんもんか》が書《か》いた最新《さいしん》の情報《じょうほう》だとしても、他《ほか》の人《ひと》が言《い》っていることと大《おお》きく外《はず》れた極《きょく》たんな意見《いけん》の場合《ばあい》もあります。
他《ほか》の意見《いけん》と比《くら》べてチェックする必要《ひつよう》があります。

ボクが見《み》たシーサーの情報《じょうほう》って…
だれかのじょう談《だん》なのかも

これが、イッキが見《み》たサイトですね。ブログなので日記《にっき》のようなものですね

用語解説《ようごかいせつ》

【ブログ】
インターネット上《じょう》で公開《こうかい》されている日記形式《にっきけいしき》のホームページのこと。

沖縄大《おきなわだい》すき芸人《げいにん》
沖縄大《おきなわだい》すきブログ
プロフィール
沖縄《おきなわ》の家《いえ》は、シーサーが口《くち》から冷《つめ》たい風《かぜ》をふきかけてくれるので、暑《あつ》さの心配《しんぱい》はないそうです。
な〜んちゃって

専門家《せんもんか》や国《くに》の機関《きかん》のホームページを参考《さんこう》にするといいかもしれません
信《しん》らいのおける情報元《じょうほうもと》を見分《みわ》けるのって難《むずか》しいね
でも、みんなの笑《わら》いを取《と》れたんだから、よかったじゃない

そのままコピペ※はダメなの？

※コピペとは文章《ぶんしょう》などをそのままコピーして、自分《じぶん》のレポートなどにはること。

先生《せんせい》、ぼくのレポートを見《み》てください
完《かん》ぺきに仕上《しあ》げてあります
ヘヘーン

ばーーーん
5-1　オウタ
暑《あつ》い地域《ちいき》の建物《たてもの》
インドネシア
インドネシアの家《いえ》の特徴《とくちょう》について
【考察《こうさつ》】
インドネシアの伝統的《でんとうてき》な家《いえ》の多《おお》くは、高床式住居《たかゆかしきじゅうきょ》です。
●雨《あめ》が多《おお》い気候《きこう》では地表《ちひょう》に湿気《しっけ》がたまるので、床《ゆか》を地面《じめん》から離《はな》して高《たか》くすることで湿気《しっけ》を防《ふせ》ぎます。
●風《かぜ》が床下《ゆかした》を通《とお》るのですずしく過《す》ごせます。
●カビの発生《はっせい》や害虫《がいちゅう》が増《ふ》えるのを防《ふせ》ぎます。
●洪水《こうずい》のときに、水《みず》が家《いえ》に入《はい》ってくる心配《しんぱい》がありません。
インドネシアの高床式住居《たかゆかしきじゅうきょ》
【結論《けつろん》】
高床式住居《たかゆかしきじゅうきょ》は、インドネシアの気候《きこう》にあった建物《たてもの》のつくりになっています。
おー!!
すごい！外国《がいこく》のことが書《か》いてあるぞ
写真《しゃしん》もあって見《み》やすいね

オウタ、すごくたくさん調《しら》べたんだなー
おほめにあずかり光栄《こうえい》です
本当《ほんとう》にすごい情報量《じょうほうりょう》！

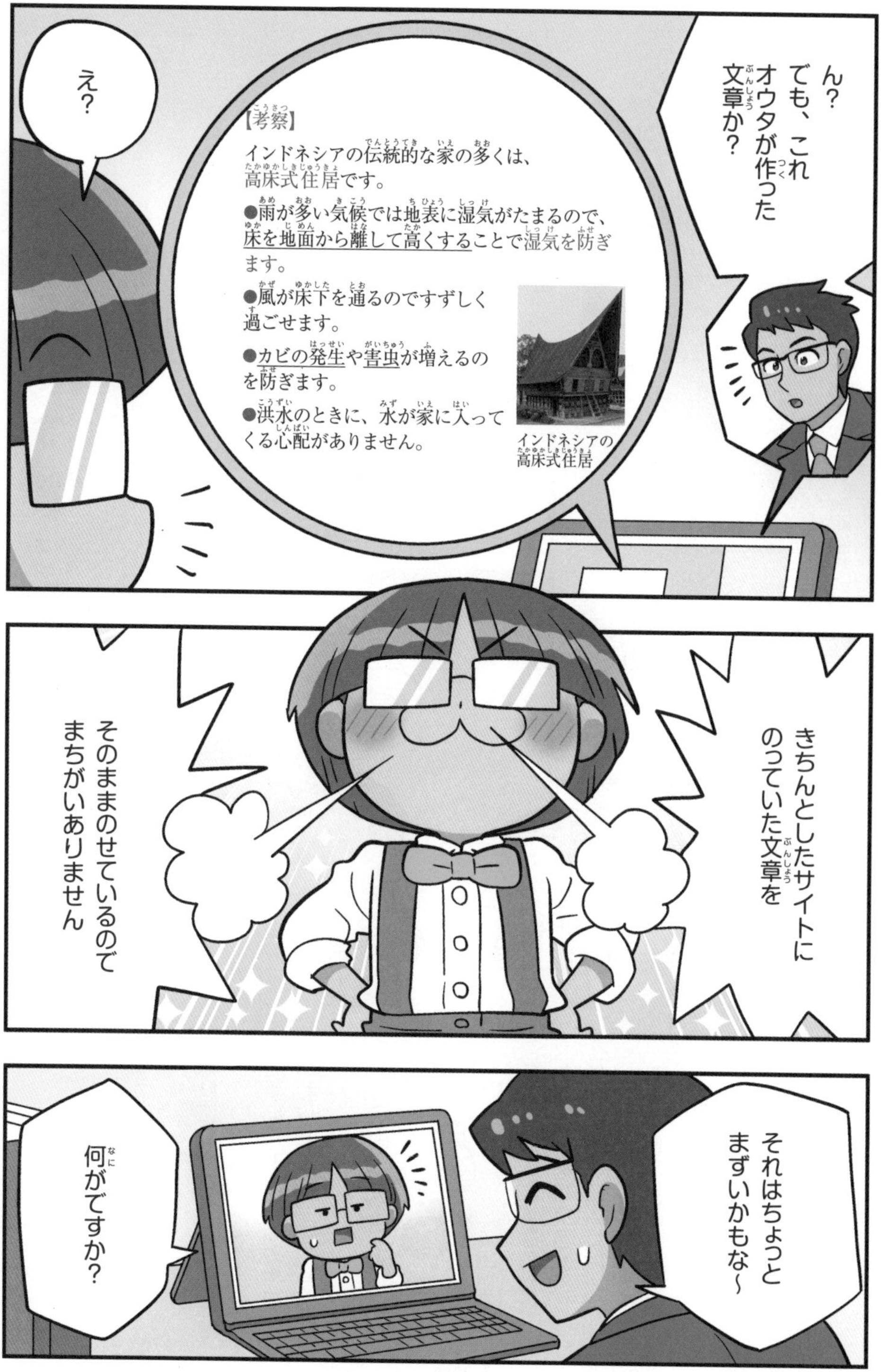
ん？ でも、これ オウタが作《つく》った 文章《ぶんしょう》か？
【考察《こうさつ》】
インドネシアの伝統的《でんとうてき》な家《いえ》の多《おお》くは、高床式住居《たかゆかしきじゅうきょ》です。
●雨《あめ》が多《おお》い気候《きこう》では地表《ちひょう》に湿気《しっけ》がたまるので、床《ゆか》を地面《じめん》から離《はな》して高《たか》くすることで湿気《しっけ》を防《ふせ》ぎます。
●風《かぜ》が床下《ゆかした》を通《とお》るのですずしく過《す》ごせます。
●カビの発生《はっせい》や害虫《がいちゅう》が増《ふ》えるのを防《ふせ》ぎます。
●洪水《こうずい》のときに、水《みず》が家《いえ》に入《はい》ってくる心配《しんぱい》がありません。
インドネシアの高床式住居《たかゆかしきじゅうきょ》
え？
きちんとしたサイトに のっていた文章《ぶんしょう》を
そのままのせているので まちがいありません
それはちょっと まずいかもな～
何《なに》がですか？

著作権《ちょさくけん》ってなに？

オウタのレポートの何《なに》がまずかったのでしょう？

自分《じぶん》の作文《さくぶん》をマネして、他《ほか》の人《ひと》があたかも自分《じぶん》で書《か》いたようにしたらどう感《かん》じますか？

暑《あつ》い国《くに》の建物《たてもの》

インドネシア

インドネシアの伝統的《てんとうてき》な家《いえ》の多《おお》くは、高床式住居《たかゆかしきじゅうきょ》です。雨《あめ》が多《おお》い気《き》候《こう》では地表《ちひょう》に湿気《しっけ》がたまるので、床《ゆか》を地面《じめん》から離《はな》して高《たか》くすることで湿気《しっけ》を防《ふせ》ぎ、風《かぜ》が床下《ゆかした》を通《とお》るので涼《すず》しくなります。

5-1　オウタ

暑《あつ》い地域《ちいき》の建物《たてもの》

インドネシア

インドネシアの家《いえ》の特徴《とくちょう》について

【考察《こうさつ》】

インドネシアの伝統的《でんとうてき》な家《いえ》の多《おお》くは、高床式住居《たかゆかしきじゅうきょ》です。

●雨《あめ》が多《おお》い気候《きこう》では地表《ちひょう》に湿気《しっけ》がたまるので、床《ゆか》を地面《じめん》から離《はな》して高《たか》くすることで湿気《しっけ》を防《ふせ》ぎます。

●風《かぜ》が床下《ゆかした》を通《とお》るのですずしく過《す》ごせます。

●カビの発生《はっせい》や害虫《がいちゅう》が増《ふ》えるのを防《ふせ》ぎます。

●洪水《こうずい》のときに、水《みず》が家《いえ》に入《はい》ってくる心配《しんぱい》がありません。

インドネシアの高床式住居《たかゆかしきじゅうきょ》

【結論《けつろん》】

高床式住居《たかゆかしきじゅうきょ》は、インドネシアの気候《きこう》にあった建物《たてもの》のつくりになっています。

それはちょっとイヤだな〜

自分《じぶん》のがんばりを横取《よこど》りされたと感《かん》じますね…

それに、文章《ぶんしょう》を書《か》く仕事《しごと》をしている人《ひと》たちにとって、勝手《かって》にマネされると生活《せいかつ》に関《かか》わります

そういうことにならないために、その文章《ぶんしょう》を最初《さいしょ》に書《か》いた人《ひと》には「著作権《ちょさくけん》※」があります

※著作権《ちょさくけん》についての補足説明《ほそくせつめい》は141ページへ

「出典《しゅってん》」とは、レポートなどを作成《さくせい》するときに、引用《いんよう》した文章《ぶんしょう》の元《もと》となった情報《じょうほう》のことです

ただし、〝この人《ひと》の文章《ぶんしょう》を参考《さんこう》にしましたよ〟ときちんと出典《しゅってん》を書《か》けば、それを自分《じぶん》の文章《ぶんしょう》に入《い》れてもいいのです

著作権《ちょさくけん》って？

文章《ぶんしょう》や画像《がぞう》などの作品《さくひん》を、他《ほか》の人《ひと》に無断《むだん》で利用《りよう》されないように、作《つく》った人《ひと》を守《まも》る権利《けんり》のこと。無断《むだん》で利用《りよう》するとばっせられることもある。

暑《あつ》い地域《ちいき》の建物《たてもの》　　5-1　オウタ

インドネシア

インドネシアの家《いえ》の特徴《とくちょう》について

【考察《こうさつ》】

インドネシアの伝統的《でんとうてき》な家《いえ》の多《おお》くは、高床式住居《たかゆかしきじゅうきょ》です。

●雨《あめ》が多《おお》い気候《きこう》では地表《ちひょう》に湿気《しっけ》がたまるので、床《ゆか》を地面《じめん》から離《はな》して高《たか》くすることで湿気《しっけ》を防《ふせ》ぎます。

●風《かぜ》が床下《ゆかした》を通《とお》るのですずしく過《す》ごせます。

●カビの発生《はっせい》や害虫《がいちゅう》が増《ふ》えるのを防《ふせ》ぎます。

●洪水《こうずい》のときに、水《みず》が家《いえ》に入《はい》ってくる心配《しんぱい》がありません。

インドネシアの高床式住居《たかゆかしきじゅうきょ》

【結論《けつろん》】

高床式住居《たかゆかしきじゅうきょ》は、インドネシアの気候《きこう》にあった建物《たてもの》のつくりになっています。

出典《しゅってん》：長作健《ながさくけん》、「インドネシアの家《いえ》」
https：//www.xxxx.jp/
2023年《ねん》8月《がつ》31日《にち》

こんな感《かん》じかな？

出典《しゅってん》：長作健《ながさくけん》、「インドネシアの家《いえ》」
https：//www.xxxx.jp/
2023年《ねん》8月《がつ》31日《にち》

出典《しゅってん》の書《か》き方《かた》

●書《しょ》せきの場合《ばあい》

著者名《ちょしゃめい》、書名《しょめい》、出版社《しゅっぱんしゃ》、出版年《しゅっぱんねん》

●ウェブサイトの場合《ばあい》

著者名《ちょしゃめい》、Web《ウェブ》 ページのタイトル、Web《ウェブ》 サイトの名前《なまえ》、こう新日付《しんひづけ》、URL《ユーアールエル》（ホームページのアドレス）

そうか、出典《しゅってん》を書《か》けばよかったんですね！

元《もと》の文章《ぶんしょう》を書《か》いた人《ひと》の権利《けんり》も守《まも》られるね

出典《しゅってん》を書《か》いたとしても、レポート全体《ぜんたい》がだれかの文章《ぶんしょう》だとしたら、それは自分《じぶん》のレポートとはいえません。全文《ぜんぶん》を書《か》き写《うつ》すのではなく、必要《ひつよう》な情報《じょうほう》にしぼり、引用《いんよう》するのは一部分《いちぶぶん》だけにしましょう。

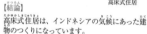

調《しら》べるだけじゃダメなの？

次《つぎ》は、リナのレポートを見《み》てみよう
ハイ
5-1　リナ
寒《さむ》い地域《ちいき》の建物《たてもの》
北海道《ほっかいどう》の建物《たてもの》について
北海道《ほっかいどう》などの雪《ゆき》がよく降《ふ》る地域《ちいき》の家《いえ》には、積雪《せきせつ》に対《たい》する工夫《くふう》や断熱《だんねつ》性《せい》が高《たか》いという特徴《とくちょう》があります。
特徴《とくちょう》①
積《つ》もった雪《ゆき》が下《した》へ落《お》ちないように、四角《しかく》く平《たい》らでたくさんの雪《ゆき》の重《おも》さにたえられるじょうぶな屋根《やね》や、雪止《ゆきど》めがついた屋根《やね》があります。
四角い屋根
２重の窓
２重の玄関や風除室
特徴《とくちょう》②
窓《まど》は熱《ねつ》をにがさないため２重《じゅう》になっています。
特徴《とくちょう》③
寒《さむ》い地域《ちいき》では、家《いえ》の玄関《げんかん》やコンビニの入《い》り口《ぐち》などに風除室《ふうじょしつ》があることがあります。
北海道《ほっかいどう》では、寒《さむ》い気候《きこう》にあった建物《たてもの》のつくりになっています。
出典《しゅってん》：チョサク「北海道《ほっかいどう》の建物《たてもの》」
https://www.××××.jp/
2023年《ねん》８月《がつ》31日《にち》
よく まとまっているし、出典《しゅってん》もきちんと書《か》いてあるな
おーーっ
すごーい！
リナ、「寒《さむ》い地域《ちいき》では家《いえ》の玄関《げんかん》やコンビニの入《い》り口《ぐち》に風除室《ふうじょしつ》がある」と書《か》かれているが、
「風除室《ふうじょしつ》」の説明《せつめい》をしてくれるか？
がついた屋根
特徴②
窓《まど》は熱《ねつ》をにがさないため２
特徴《とくちょう》③
寒《さむ》い地域《ちいき》では、家《いえ》の玄関《げんかん》やコン
風除室《ふうじょしつ》があることがあります。
北海道《ほっかいどう》では、寒《さむ》い気候《きこう》にあっ
ています。

えーっと…風除室《ふうじょしつ》?
うーん
???
どうした? リナも自分《じぶん》で書《か》いたんじゃないのか?
どこで調《しら》べたかは書《か》いてあります
でも言葉《ことば》の意味《いみ》がわかっていないならそれは自分《じぶん》のレポートとは言《い》えないんじゃないか?
実《じつ》は…
ネットの質問《しつもん》サイトで、〝どんなレポートを書《か》けばいいかアドバイスください〟って書《か》きこんだら
アドバイスください
親切《しんせつ》な大学生《だいがくせい》がわたしの代《か》わりにレポートを作《つく》ってくれたんです…
オウタの時《とき》とはちがってほかの人《ひと》が書《か》いたレポートをそのまま提出《ていしゅつ》したってことだな
うーん

自《じ》分《ぶん》の考《かんが》えになっている？

出典《しゅってん》も出《だ》して
いるから、
いいんじゃない
かなぁ
ネットで素早《すばや》く
情報《じょうほう》を得《え》るのは、
素晴《すば》らしい
テクニックですよね

でも…。 いつも苦労《くろう》せずに情報《じょうほう》を手《て》に入《い》れることは、本当《ほんとう》にいいこと？

将来《しょうらい》 ➡ 困《こま》る
う〜ん
今《いま》 ➡ 助《たす》かる
人《ひと》からの知識《ちしき》に
たよらないと
生《い》きていけない…
調《しら》べた情報《じょうほう》を
書《か》き写《うつ》せばすぐに
宿題《しゅくだい》が終《お》わる

ただ書《か》き写《うつ》すだけで、自分《じぶん》で考《かんが》えることをやめてしまったら、世《よ》の中《なか》みんながネットの情報《じょうほう》と同《おな》じ意見《いけん》になってしまう…。

いろんなちがう意見《いけん》が
あるからこそ、人間《にんげん》は
成長《せいちょう》していくものです
ネットの情報《じょうほう》をすぐに
受《う》け取《と》ることが、
自分《じぶん》のためになって
いるか考《かんが》えなきゃ
いけません

本《ほん》など別《べつ》の情報源《じょうほうげん》と比《くら》べてみると、いろいろな意見《いけん》があることがわかります

「ネット」と「本《ほん》」のそれぞれの特《とく》ちょうがあるね

「本《ほん》」と「ネット」の特《とく》ちょう

	メリット（長所《ちょうしょ》）	デメリット（短所《たんしょ》）
ネット 	●家《いえ》で調《しら》べられるので出《で》かける手間《てま》が省《はぶ》ける。 ●たくさんの情報《じょうほう》を得《え》ることができる。	●だれが書《か》いたのかわからないものもあり、情《じょう》報《ほう》が正確《せいかく》でない場合《ばあい》も多《おお》い。 ●情報元《じょうほうもと》を確認《かくにん》する必要《ひつよう》がある。
本《ほん》 	●編集者《へんしゅうしゃ》や校正者《こうせいしゃ》がチェックし、情報元《じょうほうもと》がしっかりしていることが多《おお》い。 ●正確《せいかく》な情報《じょうほう》にたどり着《つ》きやすい。	●持《も》ち運《はこ》んだりするときに手間《てま》がかかる。 ●調《しら》べるのに時間《じかん》がかかる。

ネットで得《え》た情報《じょうほう》を参考《さんこう》にしながら、「自分《じぶん》なりの考《かんが》え」はどこにあるのかを考《かんが》えましょう。本《ほん》などさまざまな情報《じょうほう》と比《ひ》かくすることで、自分《じぶん》の意見《いけん》がまとまっていくことがあります。

情報《じょうほう》を集《あつ》めるだけでなく、自分《じぶん》なりの考《かんが》えを言《い》えるようにしたいね

生成《せいせい》AI《エーアイ》をどう使《つか》う？

最近《さいきん》、チャットGPT《ジーピーティー》など、「生成《せいせい》AI《エーアイ》」が注目《ちゅうもく》されています

用語解説《ようごかいせつ》

【生成《せいせい》AI《エーアイ》】
質問《しつもん》をすると、ネット上《じょう》の情報《じょうほう》を組《く》み合《あ》わせるなどして、それらしい答《こた》えや文章《ぶんしょう》を返《かえ》してくれるAI《エーアイ》（人工知能《じんこうちのう》）システム。

生成《せいせい》AI《エーアイ》のチャットって?

調《しら》べたいことを入力《にゅうりょく》すると…

恐竜《きょうりゅう》の生態《せいたい》を調《しら》べるには？

以下《いか》のように調《しら》べては
どうでしょう

1. 食《た》べ物《もの》を調《しら》べる
2. 当時《とうじ》の気温《きおん》を調《しら》べる
3. ……

まとめ方《かた》

生成《せいせい》AI《エーアイ》が答《こた》えてくれる。

文章《ぶんしょう》の他《ほか》にも、プログラミングや、作曲《さっきょく》、絵《え》をかくなど、いろいろな方法《ほうほう》で創作《そうさく》することができます

みんなが生成AI《せいせいエーアイ》を使《つか》うようになったら、小説家《しょうせつか》や画家《がか》、作曲家《さっきょくか》、プログラマーなどは、仕事《しごと》が減《へ》ってしまいそうだね
生成AI《せいせいエーアイ》は、どうやって文章《ぶんしょう》や絵《え》をつくっているのかな?

生成AI《せいせいエーアイ》が創作物《そうさくぶつ》をつくるまで

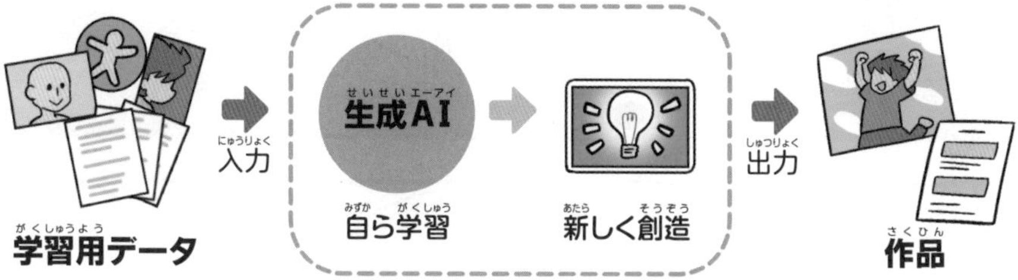
学習用《がくしゅうよう》データ
入力《にゅうりょく》
生成AI《せいせいエーアイ》
自《みずか》ら学習《がくしゅう》
新《あたら》しく創造《そうぞう》
出力《しゅつりょく》
作品《さくひん》

AI《エーアイ》がインターネット上《じょう》にあるたくさんの情報《じょうほう》の中《なか》から学習《がくしゅう》し、元《もと》になる情報《じょうほう》を活用《かつよう》して、新《あたら》しい文章《ぶんしょう》や絵《え》などを作《つく》り出《だ》す。

宿題《しゅくだい》の作文《さくぶん》も、絵《え》の宿題《しゅくだい》も生成AI《せいせいエーアイ》でできちゃいそうですね!
でも、それってズルくない?自分《じぶん》で考《かんが》えてやらないと意味《いみ》ないよ

ポイント!

生成AI《せいせいエーアイ》の全部《ぜんぶ》をマネするのはリスクがあります。自分《じぶん》の足《た》りない視点《してん》を見《み》つけたり、調《しら》べ物《もの》のきっかけにしたりするなど、補《ほ》助的《じょてき》に使《つか》うにとどめましょう。

Point
生成AI《せいせいエーアイ》はまだ発展《はってん》とちゅうで、誤《あやま》った答《こた》えが出《で》ることもあるのです

ネットはいろんな人《ひと》が参加《さんか》していて、実際《じっさい》の世界《せかい》よりもつながるのが楽《らく》だよね
それがネットのいいところですね
調《しら》べ物《もの》にも便利《べんり》で、これから生《い》きていくために大切《たいせつ》な力《ちから》だけど…
正《ただ》しく使《つか》わないといけません
人《ひと》の書《か》いたもの
まちがった情報《じょうほう》を信《しん》じてしまったりだれかの権利《けんり》をしん害《がい》することになってしまったりしますからね
気《き》をつけよう!!

ネットで何《なに》かを調《しら》べるときには、この3つに注意《ちゅうい》するんだよね
情報元《じょうほうもと》をしっかり確認《かくにん》する
いつの情報《じょうほう》か確認《かくにん》する
いくつかの情報《じょうほう》を比《ひ》かくする
だれかの文章《ぶんしょう》を無断《むだん》でマネしない
一部《いちぶ》を参考《さんこう》にして出典《しゅってん》を明記《めいき》することも忘《わす》れないで!
ネットの情報《じょうほう》や生成《せいせい》AI《エーアイ》に任《まか》せきりにしていたら、自分《じぶん》の言葉《ことば》で語《かた》れない人《ひと》になってしまいます
それって個性《こせい》がなくなるってことですよね
みんながネットと同《おな》じ意見《いけん》になっちゃうのはこわいよね
大切《たいせつ》なのは自分《じぶん》のためになるように、ネットの情報《じょうほう》を使《つか》うってこと!
そのと〜り!!

NEWS《ニュース》

デバイスってなに？

イツキキャスター

デバイスとは、パソコンやタブレット、スマートフォンなど、インターネットに接続《せつぞく》して使《つか》う機器《きき》のこと。

オウタキャスター

今《いま》はとても身近《みぢか》なデバイスですが、いつからあって、身《み》近《ぢか》なものにふきゅうしていったのかを見《み》てみましょう。

マツリキャスター

短《みじか》い期間《きかん》にデバイスは小《ちい》さく、高性能《こうせいのう》になっていきましたね。

ビット解説員《かいせついん》

パソコンはもちろん、スマートフォンやタブレットだけではなく、ゲーム機《き》や時計《とけい》、テレビやカメラなど、たくさんのデバイスをインターネットにつないで使《つか》うことができます。

デバイスの歴史《れきし》

1970年《ねん》～ 世界初《せかいはつ》のパーソナルコンピュータ「Apple《アップル》 Ⅱ」

1980年《ねん》～ 世界初《せかいはつ》のノートパソコン「Dynabook《ダイナブック》」

1990年《ねん》～ いっぱんにも広《ひろ》がった画期的《かっきてき》なパソコン「Windows95《ウインドウズ》」

2000年《ねん》～ スマートフォン「iPhone《アイフォン》」
アンドロイドフォン

2010年《ねん》～ タブレット「iPad《アイパッド》」
スマートウォッチ・スマートテレビ
家庭用《かていよう》ゲーム機《き》「Nintendo Switch《ニンテンドースイッチ》」

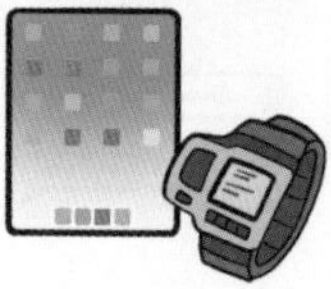

家電《かでん》や時計《とけい》、自動車《じどうしゃ》などをインターネットとつなげることで、テレビで動画配信《どうがはいしん》サービスを利用《りよう》するなど、新《あたら》しい活用方法《かつようほうほう》ができるようになってきました。

はなれたところからスマホで操作《そうさ》できるスマート家電《かでん》など、生活《せいかつ》を便利《べんり》にする機器《きき》も次々《つぎつぎ》に登場《とうじょう》していますね。ワタシも暑《あつ》い日《ひ》は、家《いえ》に帰《かえ》る前《まえ》にエアコンをオンにしています。

ぼくは、スマートウォッチで体調管理《たいちょうかんり》をしています。いつも身《み》につけているので、歩数《ほすう》や心拍数《しんぱくすう》など自動《じどう》で記録《きろく》できてとても便利《べんり》です。

解説《かいせつ》 大《おお》きくて重《おも》く、持《も》ち運《はこ》ぶことができなかったデバイスが、今《いま》はどれもコンパクトに軽量化《けいりょうか》され、場所《ばしょ》を選《えら》ばず使《つか》えるようになりました。特《とく》にスマートフォンは、通話機能《つうわきのう》だけではなく、検《けん》さくやメールをはじめ多機能《たきのう》になり、生活《せいかつ》をより便利《べんり》にしています。

ビビット☆クイズ

第《だい》2問《もん》

テレビで放送《ほうそう》していたアニメを録画《ろくが》して、SNS《エスエヌエス》にアップロードしたよ。さて、どうなるかな？　正《ただ》しいものを1つ選《えら》ぼう。

1 アップロードした人《ひと》がばっせられる。

2 ダウンロードした人《ひと》がばっせられる。

3 どちらもばっせられる可能性《かのうせい》がある。

答《こた》えは140ページにあるよ。

第《だい》3章《しょう》

拡散《かくさん》されると大変《たいへん》！

デジタルの写真《しゃしん》・動画《どうが》

友《とも》だちの写真《しゃしん》をアップしてもいい？

よーし
理科《りか》の授業《じゅぎょう》は
これで終《お》わり
5分間《ふんかん》
トイレ休《きゅう》けいを
とったら、
英語《えいご》をやるぞ
いったんカメラと
マイクを切《き》って
休《きゅう》けいしてくれー
はーーい
ピ
ピ
ピ
OFF
OFF
パッ
パッ
ふーっ
もう、オンライン
あきたよー
早《はや》く学校《がっこう》行《い》って
みんなとサッカー
したいなぁ～
ん？

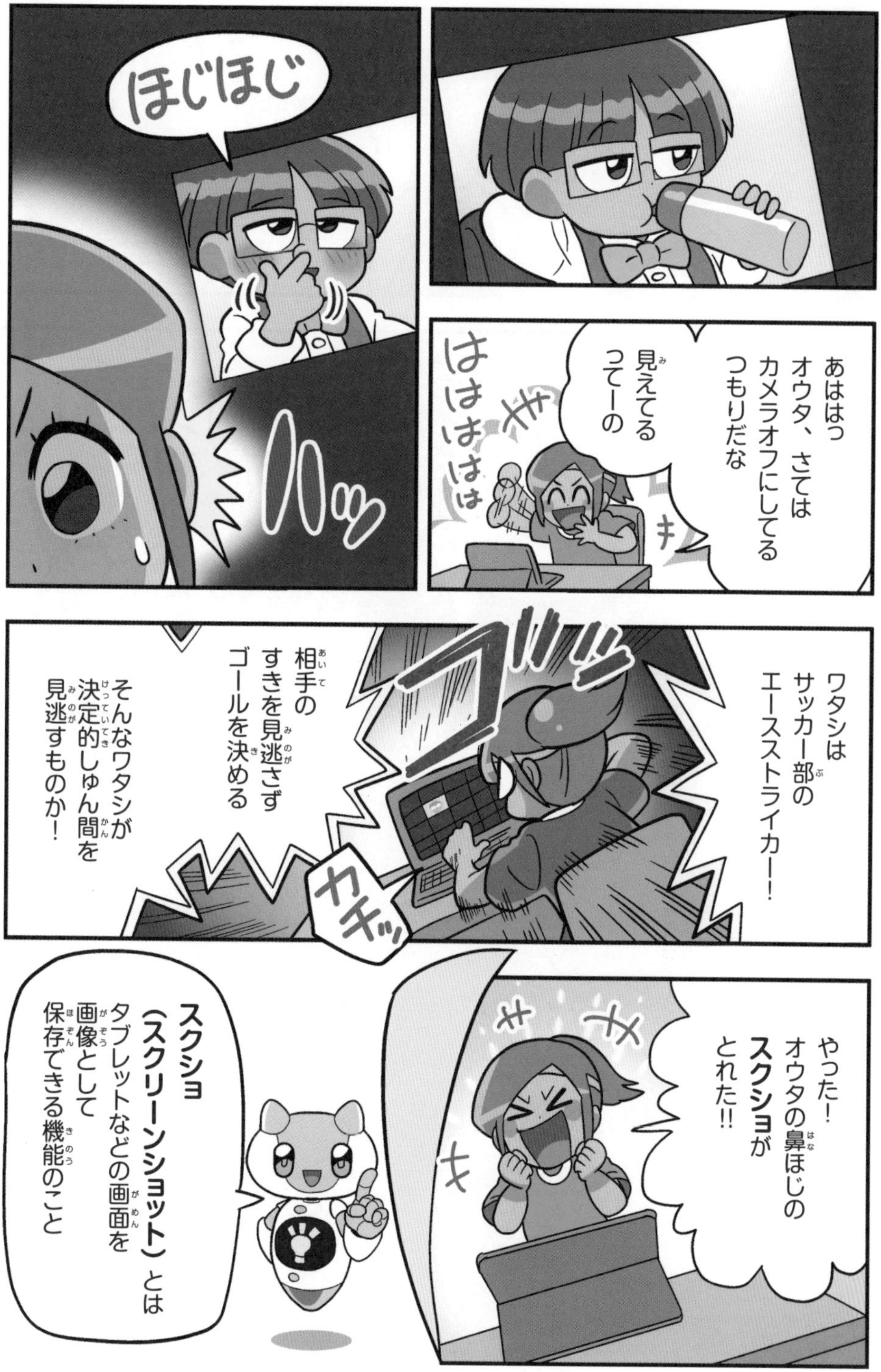
ほじほじ
ハッ
あははっ オウタ、さては カメラオフにしてる つもりだな 見えてる《み》ってーの
はははは
ワタシは サッカー部《ぶ》の エースストライカー！
相手《あいて》の すきを見逃《みのが》さず ゴールを決《き》める
そんなワタシが 決定的《けっていてき》しゅん間《かん》を 見逃《みのが》すものか！
ゴッ
カチッ
やった！ オウタの鼻《はな》ほじの スクショが とれた!!
スクショ （スクリーンショット）とは タブレットなどの画面《がめん》を 画像《がぞう》として 保存《ほぞん》できる機能《きのう》のこと

こんな おもしろ画像《がぞう》を ひとりで楽《たの》しんだら バチが当《あ》たるね
よし、ミサに 送《おく》っちゃおー！！
カタ
カタ
ピコーン
なにこれ、 おもしろーい！
ねえ、メイ これ見《み》て
カタカタ

ピコーン
Good morning
マサル
オウタ、おもしろすぎ！
こんなの回《まわ》ってるぞ～
ポチッ
？
だれですかー！こんな写真《しゃしん》とったのはー!!!
クスクス

しょう像《ぞう》権《けん》ってなに？

勝手《かって》に他人《たにん》の写真《しゃしん》を
ネットにアップするのは、
権利《けんり》しん害《がい》になる
可能性《かのうせい》もあるので、
みなさんマネしないように！

写真《しゃしん》や動画《どうが》にうつっている
人《ひと》には「しょう像権《ぞうけん》」という
ものがあります

しょう像権《ぞうけん》って？

他人《たにん》から無断《むだん》で写真《しゃしん》をとられたり、利用《りよう》されたりしない権利《けんり》。許可《きょか》をしていない自分《じぶん》の写真《しゃしん》などを公開《こうかい》されることをきょ否《ひ》することができる。

相手《あいて》のしょう像権《ぞうけん》を
おかすと、法律《ほうりつ》によって
ばっ金《きん》をはらわなければ
いけなくなる
ことがあります

みなさん、オンラインで
写真《しゃしん》や動画《どうが》をあつかう
ときの大切《たいせつ》な約束《やくそく》を
確認《かくにん》しておきましょう

写真《しゃしん》をネットに投《とう》こうする前《まえ》にチェック！

- ☑場所《ばしょ》や時間《じかん》などを特定《とくてい》されないか
- ☑位置情報《いちじょうほう》サービスをオンにしていないか
- ☑プライバシーや著作権《ちょさくけん》はしん害《がい》していないか
- ☑見《み》られたら困《こま》る写真《しゃしん》ではないか
- ☑いっしょに写《うつ》っている人《ひと》に許可《きょか》はもらったか

デジタルの写真《しゃしん》は、紙《かみ》の写真《しゃしん》と比《くら》べてどこがちがうんだろう？

「紙《かみ》の写真《しゃしん》」と「デジタル写真《しゃしん》」の特《とく》ちょう

デジタル写真《しゃしん》

紙《かみ》の写真《しゃしん》

デジタル写真《しゃしん》は、メールなどでいっせいに送《おく》ったりすることができるので拡散《かくさん》しやすいですね

紙《かみ》の写真《しゃしん》は、コピーできるけれど、直接《ちょくせつ》わたさなければいけないので広《ひろ》がりにくいよね

紙《かみ》の写真《しゃしん》はなくしてしまったり、古《ふる》くなって破《やぶ》れたりすることで忘《わす》れられてしまいます

デジタル写真《しゃしん》はデータが残《のこ》っている限《かぎ》り、いつまでも見《み》ることができます

ネット上《じょう》の写真《しゃしん》や動画《どうが》は消《け》せないの？

デジタルの写真《しゃしん》は思《おも》い出《で》としてみんなでシェアしたり、ずっと残《のこ》しておいたりするには便利《べんり》だよね
でも、自分《じぶん》にとって不《ふ》ゆかいな写真《しゃしん》も、すぐに広《ひろ》まってしまう危険《きけん》もあります…
消《け》したくても消《け》せなくなる可能性《かのうせい》があるんだね

用語解説《ようごかいせつ》

【 デジタルタトゥー 】

ネット上《じょう》に書《か》きこまれたコメントや画像《がぞう》などは、一度《いちど》拡散《かくさん》されてしまうと簡単《かんたん》に消《け》すことができない。半永久的《はんえいきゅうてき》にネット上《じょう》に残《のこ》されてしまうため「デジタルタトゥー」という。

自分《じぶん》がアップしたデータを消《け》しても、すでにだれかが他《ほか》の所《ところ》にアップしたり保存《ほぞん》したりしてネット上《じょう》で広《ひろ》がっているかもしれないのです

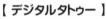

「デジタルタトゥー」は一度《いちど》拡散《かくさん》されてしまうと完全《かんぜん》に消《け》すことが難《むずか》しいタトゥー（入《い》れずみ）に例《たと》えた表現《ひょうげん》です
将来《しょうらい》、就職《しゅうしょく》や結婚《けっこん》など、人生《じんせい》に大《おお》きなえいきょうをおよぼす可能性《かのうせい》があります

個人情報《こじんじょうほう》
悪《わる》ふざけ・いたずら
ひぼう中傷《ちゅうしょう》・デマ
はだかの写真《しゃしん》など
消《き》えろ
住所《じゅうしょ》を特定《とくてい》

本人《ほんにん》の許可《きょか》なく、その人《ひと》の写真《しゃしん》を他《ほか》の人《ひと》に送《おく》ったりするのはダメだよ！
はーい、反省《はんせい》します。ねえ、オウタ、このおもしろ写真《しゃしん》をみんなに送《おく》ってもいい？
ぜんぜん反省《はんせい》してないじゃないですか！

ポイント！

ネットに情報《じょうほう》を発信《はっしん》するときは、それが「だれかを傷《きず》つけないか」「悪用《あくよう》される個人情報《こじんじょうほう》じゃないか」を、よく考《かんが》えてから発信《はっしん》するようにしましょう。

とった覚《おぼ》えのない写真《しゃしん》？

くそ〜！
マツリのやつ
何《なん》であんな写真《しゃしん》を
とったんですか！
カタ
カタ
カタ
カタ
このまま
終《お》わらせて
なるものですか
キラーーン
ピコーン
ピコーン
マツリ、
イツキと両思《りょうおも》い
なの？
ミサ
マツリ、
そうだったんだ〜
ユミ
マツリ、写真見《しゃしんみ》たよ
えっ？
なにそれ!?
写真《しゃしん》!?

じゃーん
ぷるぷるぷる
なんだ、この写真《しゃしん》！
こんなのとった覚《おぼ》えないよ！
なにこれー？？？
今《いま》ごろ、〝こんなのとった覚《おぼ》えないよ！〟とか言《い》ってるんですかね
ボクカンケイないよ、
イシシ
4年生《ねんせい》のときのクラスお別《わか》れ会《かい》の写真《しゃしん》
1年間《ねんかん》ありがとう

写真《しゃしん》を「切《き》り取《と》る」って？

あらら、オウタがやり返《かえ》しちゃいましたね。オウタがしていることも完全《かんぜん》にアウトです！

今回《こんかい》オウタがしたのは「切《き》り取《と》り」ですね

切《き》り取《と》りって？

もとの写真《しゃしん》から、人物《じんぶつ》や物《もの》など一部《いちぶ》だけを切《き》り取《と》って編集《へんしゅう》すること。切《き》り取《と》り方《かた》によって、見《み》る人《ひと》にちがう印象《いんしょう》をあたえることがある。

写真《しゃしん》の場合《ばあい》

切《き》り取《と》り

もともとはみんなでとった集合写真《しゅうごうしゃしん》なのに、こんな切《き》り取《と》り方《かた》をしたらかんちがいされるでしょ！

これでおたがいさまですね。もうやめましょう

ボクは何《なに》もしてないのに〜

動画《どうが》の場合《ばあい》

動画《どうが》は編集《へんしゅう》で、ある動《うご》きや発言《はつげん》の前後《ぜんご》を切《き》り捨《す》て、一部分《いちぶぶん》だけを切《き》り取《と》ったり、つなげたりすることがあります。

<実際《じっさい》の発言《はつげん》>
先生《せんせい》はいつもしかってばかりだけど、それはぼくたちのことを考《かんが》えてくれてるからだと思《おも》う。
先生《せんせい》はいつもしかってばかり~~だけど、それはぼくたちのことを考《かんが》えてくれてるからだと思《おも》う。~~
切《き》り取《と》り

「先生《せんせい》がしかってばかり」っていうところが強調《きょうちょう》されてます…

オウタがいちばん言《い》いたかったのは、「先生《せんせい》が自分《じぶん》たちのことを考《かんが》えてくれている」ってことなのに!

ポイント!

写真《しゃしん》や動画《どうが》の切《き》り取《と》り方《かた》によっては、その人《ひと》の印象《いんしょう》を悪《わる》くしたり、事《じ》実《じつ》とはちがうように見《み》られたりすることがあります。切《き》り取《と》るときは、注意《ちゅうい》して作《つく》る必要《ひつよう》がありますね。

見《み》る人《ひと》は、切《き》り取《と》られた一部分《いちぶぶん》が全《すべ》てだと思《おも》ってしまう。本当《ほんとう》かどうかを見極《みきわ》めるのは難《むずか》しいよ

ネットの写真《しゃしん》は現実《げんじつ》とちがう？

他校《たこう》との交流会《こうりゅうかい》に向《む》けて、「コメカミ町自《ちょうじ》まん」を調《しら》べるのが週末《しゅうまつ》の宿題《しゅくだい》だ
意外《いがい》と自分《じぶん》の町《まち》のことは知《し》らないもんだぞ
オンラインばかりでつかれただろうから、週末《しゅうまつ》は外《そと》に出《で》て写真《しゃしん》をとってくるといい
じゃあ楽《たの》しい週末《しゅうまつ》を
えーーー…！
コメカミ町《ちょう》に自《じ》まんできるようなものってあるのかな？
ピコーン
あ、オウタからグループチャットだ！
メンバー
イツキ
オウタ
マツリ
オウタ
コメカミ町《ちょう》にはお城《しろ》があるらしいですよ！
その名《な》も**コメカミ城《じょう》**
明日《あす》いっしょに見《み》に行《い》きましょう！
おーこんなのあるんだ！
知《し》らなかった楽《たの》しみだなー

コメカミ城《じょう》なんて知《し》らなかった！
ずっとこの町《まち》に住《す》んでるのにオウタよく見《み》つけたね
ぼくのリサーチ力《りょく》は天下一品《てんかいっぴん》ですから！
あんなかっこいいお城《しろ》があるなんて、早《はや》く見《み》たいな～！
このあたりのはずです
？
こんなところにお城《しろ》があるの？
あ〜〜っ!!
コメカミ城《じょう》
〇〇建設《けんせつ》
……
なにこれ……
写真《しゃしん》とぜんぜんちがう……
建設会社《けんせつがいしゃ》の宣伝用《せんでんよう》？
これ、ぼくのせいですか？

写真《しゃしん》のとり方《かた》で印象《いんしょう》が変《か》わる？

ネットにのっていた写真《しゃしん》のイメージとぜんぜんちがうから、本当《ほんとう》におどろきました
かっこいい！
ネットの写真《しゃしん》では…
コメカミ城《じょう》
実際《じっさい》に行《い》ってみると…
あれ？ 小《ち》さい！
これはデジタル写真《しゃしん》によくあるワナ
ネットにのせる人《ひと》やお店《みせ》の写真《しゃしん》など、実物《じつぶつ》よりもよく見《み》せることによって、人《ひと》を集《あつ》めることができます
そこには主《おも》に2つのテクニックが使《つか》われていますよ
あれ？ 顔《かお》が全《まった》くちがう!?
どっちがおいしそう？

テクニック 1

写真《しゃしん》のとり方《かた》を工夫《くふう》する

建物《たてもの》の場合《ばあい》

夕日《ゆうひ》などをバックにすることによってふん囲気《いき》を出《だ》す。

周《まわ》りの風景《ふうけい》を写《うつ》さないことによって比《ひ》かくできないようにする。

下《した》からとることによって高《たか》く見《み》せる。

人《ひと》の場合《ばあい》

明《あか》るい光《ひかり》を当《あ》てることによってきれいに見《み》せる。

近《ちか》くに大《おお》きなものを置《お》くことで顔《かお》を小《ちい》さく見《み》せる。

ポーズのとり方《かた》によって、足《あし》を長《なが》く見《み》せたり目《め》を大《おお》きく見《み》せたりする。

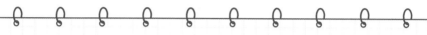

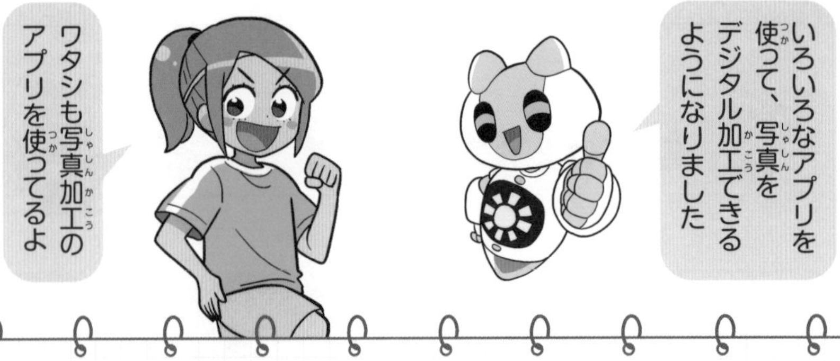
いろいろなアプリを使《つか》って、写真《しゃしん》をデジタル加工《かこう》できるようになりました
ワタシも写真《しゃしん》加工《かこう》のアプリを使《つか》ってるよ

テクニック2 写真《しゃしん》を加工《かこう》する

①さつえいする

盛《も》れてる～

自動的《じどうてき》に加工《かこう》される
ものもある。

②加工《かこう》する

加工前《かこうまえ》
加工後《かこうご》

はだなど表面《ひょうめん》の傷《きず》や
よごれを消《け》す。

色合《いろあ》いを変《か》える。

ある部分《ぶぶん》だけの
サイズを変《か》えたり、
余計《よけい》な部分《ぶぶん》を
けずったりする。

デジタル加工《かこう》によって、元《もと》の姿《すがた》がわからなくなるくらい変《か》えることもできます
変身《へんしん》を楽《たの》しむならいいよね。でも、相手《あいて》をだますためならよくないな!
写真《しゃしん》のテクニックやデジタル加工《かこう》を使《つか》えば、なりたいように見《み》せることもできるっていうことですね
別人《べつじん》のように見《み》せることも
コメカミ城《じょう》も写真《しゃしん》がそのままだったら、ボクたち来《き》ていないかも…
見《み》る側《がわ》も、加工《かこう》されている可能性《かのうせい》があることを知《し》っておかないとね

ポイント!

画像《がぞう》や動画《どうが》だけでなく、音《おと》も後《あと》から修正《しゅうせい》できます。歌《うた》が苦手《にがて》な人《ひと》でも上手《じょうず》な歌声《うたごえ》になるのです。これらの技術《ぎじゅつ》は、相手《あいて》をだますのではなく、ポジティブに使《つか》っていきたいですね。

激論《げきろん》!
デジタル写真《しゃしん》と動画《どうが》のデメリットは?
デジタル写真《しゃしん》や動画《どうが》は、みんなとシェアしやすくて、ずっと残《のこ》せるというメリットがあります
でも一度《いちど》投《とう》こうすると消《け》せないというデメリットもあるよね
便利《べんり》だけれど、使《つか》い方《かた》にじゅうぶん注意《ちゅうい》が必要《ひつよう》ということだね
デジタル写真《しゃしん》や動画《どうが》は切《き》り取《と》ったり加工《かこう》したりして見《み》せたいようにできるから
だまされないように気《き》をつけないといけません
1年間《ねんかん》ありがとう

あまりに本物《ほんもの》と
かけはなれて
しまうと、
写真《しゃしん》の信《しん》らいが
なくなるよね
真実《しんじつ》を写《うつ》すのが
写真《しゃしん》だ
もんね。
本物《ほんもの》
加工後《かこうご》
しょぼ〜ん
実際《じっさい》に見《み》てみると
がっかりする観光地《かんこうち》や、
人気《にんき》レストランの料理《りょうり》など
たくさんありそうですね
コメカミ城
○○建設
そういった特《とく》ちょうを
わかったうえで、
デジタル写真《しゃしん》を見《み》ないと
いけないんだね
うん
うん
ペ
コ
リ

NEWS《ニュース》

みんな人気者《にんきもの》になりたい!

本当《ほんとう》は教《おし》えたくない
たった5分《ふん》で
宿題《しゅくだい》が
終《お》わる方法《ほうほう》!

ビット解説員《かいせついん》
とつぜんですが、みなさんはSNS《エスエヌエス》や動画《どうが》サイトで、こういうサムネを見《み》たことはありませんか?

マツリキャスター
「本当《ほんとう》は教《おし》えたくない」って言《い》われると、余計《よけい》に気《き》になりますね。

オウタキャスター
「5分《ふん》で宿題《しゅくだい》が終《お》わる方法《ほうほう》」なんて、あるならぜったい知《し》りたいですね。

こういうのは、みんなの気《き》を引《ひ》いて注目《ちゅうもく》してもらうために作《つく》っているサムネです。

用語解説《ようごかいせつ》

SNS《エスエヌエス》(ソーシャル・ネットワーキング・サービス)…登録《とうろく》した利用者《りようしゃ》だけが参加《さんか》できるインターネットのWeb《ウェブ》サイトのこと。

サムネ(サムネイル)…動画《どうが》サイトやSNS《エスエヌエス》で一覧《いちらん》にならぶときに見《み》える小《ちい》さな画面《がめん》。

イツキキャスター
自分《じぶん》があげた写真《しゃしん》や動画《どうが》をたくさん見《み》てもらえて、しかも“いいね”がつくとうれしいのは確《たし》かだけど…。

フォロワーや登録者《とうろくしゃ》の数《かず》とか“いいね”の数《かず》を気《き》にしている人《ひと》が多《おお》いですよね。

人《ひと》から評価《ひょうか》してもらえるというのはうれしいこと。でも、注目《ちゅうもく》を集《あつ》めたいという気持《きも》ちが強《つよ》すぎて、迷《めい》わく行為《こうい》や犯罪《はんざい》になるような画像《がぞう》を投《とう》こうしてしまうことも…。

真夜中《まよなか》に
立《た》ち入《い》り禁止《きんし》の
ゆうれいビル
に入《はい》ってみた！

有名人《ゆうめいじん》
M《エム》の自宅《じたく》に
とつげき
してみた！

ルールを破《やぶ》ったり、人《ひと》がけがをしたりしそうな内容《ないよう》だね。そういうのをマネしてしまう人《ひと》もいそう。

人《ひと》に迷《めい》わくをかけたり、うわさ話《ばなし》で人《ひと》を傷《きず》つけたりする内容《ないよう》もありますね。

自分《じぶん》に注目《ちゅうもく》してもらうために、他《ほか》の人《ひと》をぎせいにしてしまうのです。

いけないことだよね…。いや、いけないことだからこそ、気《き》になって見《み》ちゃう人《ひと》もいそうだね。

解説《かいせつ》
“禁止《きんし》されていることや、人《ひと》がしないようなことをするのを見《み》てみたい”という気持《きも》ちを利用《りよう》して、注目《ちゅうもく》を集《あつ》めたりお金《かね》もうけをしたりする人《ひと》もいるのです。

第《だい》３問《もん》

バースデーパーティーで集《あつ》まった３人《にん》の記念写真《きねんしゃしん》をとったイツキ。記念《きねん》にSNS《エスエヌエス》にその写真《しゃしん》を投《とう》こうしたいけれど、どうするとよい？　正《ただ》しいものを１つ選《えら》ぼう。

1. 他《ほか》の２人《ふたり》に内《ない》しょで、SNS《エスエヌエス》に投《とう》こうする。

2. SNS《エスエヌエス》に投《とう》こうした後《あと》で、他《ほか》の２人《ふたり》にも報告《ほうこく》する。

3. 他《ほか》の２人《ふたり》に確認《かくにん》してからSNS《エスエヌエス》に投《とう》こうする。

答《こた》えは141ページにあるよ。

第《だい》4章《しょう》

便利《べんり》のかげに落《お》とし穴《あな》！

ネットショッピング

ネットショッピングでちがうものが届《とど》いた？

おかしも
ジュースも買《か》わず
チョコ
100万円
小学校《しょうがっこう》に
入学《にゅうがく》してから
ずっとおこづかいを
ためてきたけど…
ついに!
お父《とう》さんの
お下《さ》がりじゃない、
自分用《じぶんよう》のギターを
買《か》う日《ひ》が
キターーッ!
父
母
じゃかじゃ～ん
ドキドキ
がぱ
父
カウカウ ショッピング
ば――ん
お父《とう》さん、
ボクが検《けん》さく
していい?
いいぞ
ネットのほうが
安《やす》そうだし
ただし
自分《じぶん》のおこづかいで
買《か》えるものに
するんだぞ

エレキギター
検《けん》さ
カタ
カタ
検《けん》さく
カチッ
ズラァーーッ
うわぁ!
たくさんある! どれにしようかな
これは デザインが かっこいいなぁ
これは 予算《よさん》オーバーだなぁ
これは いろいろセットに なっているぞ
うーん

翌日《よくじつ》
お父《とう》さん
これに決《き》めたよ！
ヘンダー
Hender
どき
どき…
どき
どき…
買《か》う
カチッ
Zzz…

数日後《すうじつご》
ピンポーン
カウカウショッピングのお届《とど》けでーす
どたどた
ゴロゴロ
どんっ
バン
ゴンッ
ガチャッ
待《ま》ってましたー!
ま、まいど…
よーし開《あ》けるぜーー!
ジャーン!!!
がぱっ
あれ?この色《いろ》…青《あお》っていうかむらさきだな
なんか思《おも》ってたのとちがうぞ…

ネットショッピングの注意点《ちゅういてん》は?

ネットショッピングは、家《いえ》にいながらいろいろな商品《しょうひん》を買《か》えるからとても便利《べんり》です

でも、実物《じつぶつ》を見《み》て買《か》うことができません。ネットで買《か》うべきか、実物《じつぶつ》を見《み》てお店《みせ》で買《か》うべきか、よく考《かんが》えましょう

ネットショッピングのしくみ

買《か》い物《もの》の情報《じょうほう》がショッピングサイト側《がわ》に届《とど》き、クレジットカードなどによる支《し》はらいが確認《かくにん》されると、商品《しょうひん》が配送《はいそう》されます。

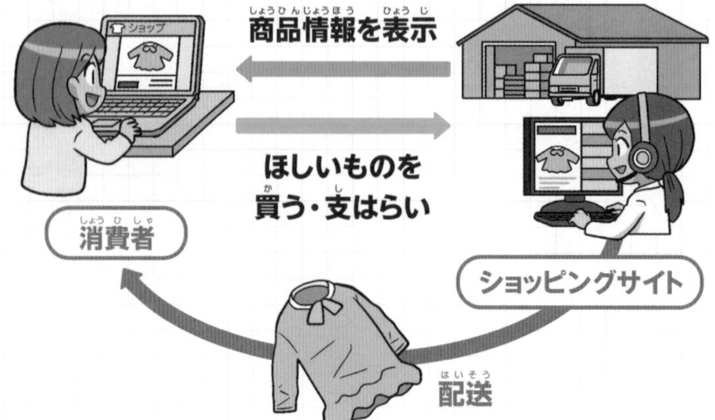
ショップ
商品情報《しょうひんじょうほう》を表示《ひょうじ》
ほしいものを
買《か》う・支《し》はらい
消費者《しょうひしゃ》
ショッピングサイト
配送《はいそう》

イッキのように、「思《おも》っていたのとちがう商品《しょうひん》が届《とど》いた」ということも起《お》きます

ネットショッピングで失敗《しっぱい》しないためには、どうしたらいいのかな?

クリックする前《まえ》にチェック！

色《いろ》をよく見《み》た？

光《ひかり》の当《あ》たり方《かた》や、タブレットの設定《せってい》などでちがって見《み》えることも。他《ほか》のサイトの写《しゃ》真《しん》とも見比《みくら》べる。

サイズは合《あ》っている？

ショッピングサイトのどこかに商品《しょうひん》のサイズがのっているので、それをしっかり確認《かくにん》する。

デザインを確認《かくにん》した？

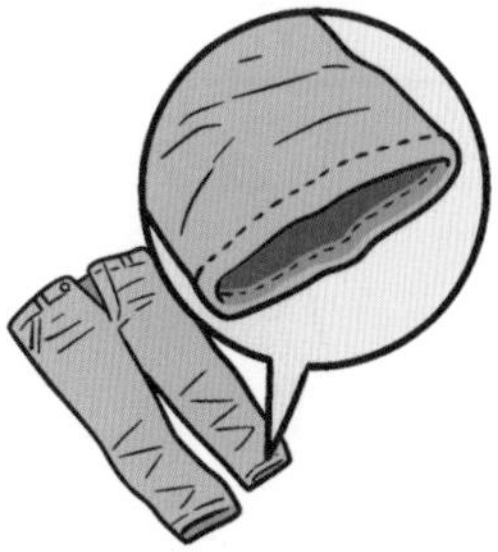

デザインの細《こま》かいところまで確認《かくにん》する。写真《しゃしん》が少《すく》なくてチェックできないものは要注意《ようちゅうい》。

用語解説《ようごかいせつ》

【返品《へんぴん》】

品物《しなもの》を返《かえ》して、お金《かね》を返《かえ》してもらうこと。
「この商品《しょうひん》は返品《へんぴん》ができません」と書《か》いてあって返品《へんぴん》ができない場合《ばあい》もあるので、買《か》う前《まえ》にしっかりと確認《かくにん》を。

もし買《か》ったものが思《おも》っていたのとちがう場合《ばあい》は返品《へんぴん》することもできるんですね

サイトを比《ひ》かくして、いちばん安《やす》いものを買《か》いたくなりますが、他《ほか》のものと比《くら》べて極《きょく》たんに安《やす》いものはニセモノや不良品《ふりょうひん》の可能性《かのうせい》があります

実物《じつぶつ》が見《み》られないぶん、サイトの情報《じょうほう》を細部《さいぶ》までしっかりと確認《かくにん》しましょう。いくつかのサイトで比《ひ》かくしてみることも大切《たいせつ》です。

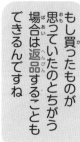

どれを買《か》うかはどうやって決《き》める？

オンライン中《ちゅう》の3人《にん》
ちょっとお二人《ふたり》に自《じ》まんしたいものが
ガサ
ゴソ
ジャーン！オンラインゲーム専用《せんよう》ヘッドセットー！
へえ、かっこいいじゃん！ゲームの音《おと》を聞《き》いたり他《ほか》のプレイヤーと会話《かいわ》したりするやつね！
どうしてそれにしたのー？
ぼくのリサーチの結果《けっか》、これがいちばん口《くち》コミやレビューの平均点数《へいきんてんすう》が良《よ》かったんです
レビューって？

実際《じっさい》に買《か》った人《ひと》が商品《しょうひん》を使《つか》ってみて点数《てんすう》をつけてるんですよ
レビュー
口《くち》コミ
お店《みせ》やメーカーじゃなくて実際《じっさい》に使《つか》った人《ひと》がいうなら信《しん》らいできるね！
ねえねえ、ワタシも二人《ふたり》に自《じ》まんしたいものがあるんだ
ジャーン！スポーツ用《よう》ネックレス――!!!
スポーツにネックレスは必要《ひつよう》なの？
スポーツのパフォーマンスがよくなると言《い》われているやつですね
どうしてそれにしたんですか？
よくぞ聞《き》いてくれました！
ワタシの大好《だいす》きなメッシュ選手《せんしゅ》がいつもつけてて
動画《どうが》で「いいよ」ってしょうかいしているんだー
これでサッカーがうまくなるかも～

レビューを見《み》るポイントは？

オウタもマツリも、他《ほか》の人《ひと》の口《くち》コミや「レビュー」を参考《さんこう》にして、ネットで買《か》い物《もの》をしていますね
ネットショッピングでレビューを見《み》るとき、知《し》っておきたいことがあります

レビューって？

ネットショッピングサイトのレビューとは、商品《しょうひん》を実際《じっさい》に買《か》った人《ひと》がつけた点数《てんすう》や感想《かんそう》などのこと。

カスタマーレビュー
★★★★☆　100人《にん》
5つ星《ほし》のうち4.0
星《ほし》5つ
星《ほし》4つ
星《ほし》3つ
星《ほし》2つ
星《ほし》1つ

絶対《ぜったい》、ついているほうだね！

質問《しつもん》です！

レビューの点数《てんすう》が5点《てん》満点中《まんてんちゅう》5点《てん》がついている店《みせ》とついていない店《みせ》があったらどっちに行《い》きますか？

どういうこと？

本当《ほんとう》にそれだけで判断《はんだん》してもいいのでしょうか？

質問《しつもん》です!

A店《エーてん》とB店《ビーてん》は同《おな》じく「平均《へいきん》3点《てん》」のお店《みせ》です。
どっちに行《い》きますか？（星《ほし》1つは1点《てん》です。）

A店《エーてん》

ラーメン

カスタマーレビュー
★★★☆☆　100人《にん》
5つ星《ぼし》のうち3.0
星《ほし》5つ
星《ほし》4つ
星《ほし》3つ
星《ほし》2つ
星《ほし》1つ

B店《ビーてん》

ラーメン

カスタマーレビュー
★★★☆☆　100人《にん》
5つ星《ぼし》のうち3.0
星《ほし》5つ
星《ほし》4つ
星《ほし》3つ
星《ほし》2つ
星《ほし》1つ

A店《エーてん》は3点《てん》をつけている人《ひと》がいちばん多《おお》くて、5点《てん》と1点《てん》はいません。すごく満足《まんぞく》した人《ひと》もとても不満《ふまん》だった人《ひと》もいなかったってことですね
でもB店《ビーてん》は1点《てん》の人《ひと》も半数《はんすう》いるから、好《この》みが分《わ》かれるお店《みせ》なのかな。自分《じぶん》も好《す》きじゃない可能性《かのうせい》があるな〜
う〜ん
5点《てん》をつけている人《ひと》が半数《はんすう》もいるっていうことは、B店《ビーてん》がいいんじゃないかな？

ポイント!

評価《ひょうか》する人《ひと》の人数《にんずう》が少《すく》ない場合《ばあい》は、データとして不十分《ふじゅうぶん》ですね。
レビューの点数《てんすう》だけでなく、どれだけの人《ひと》が言《い》っているかも重要《じゅうよう》です。

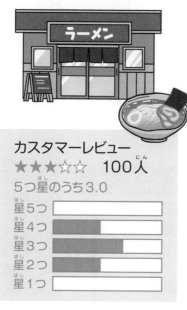

「おすすめ」は信用《しんよう》できる？

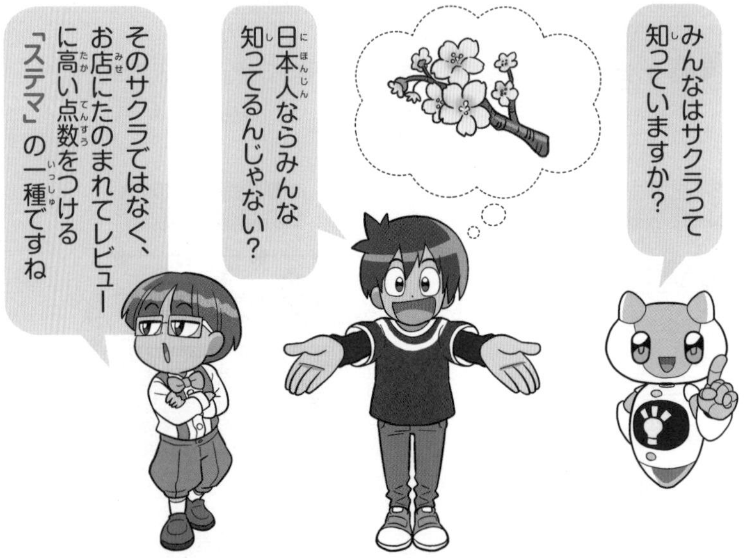

みんなはサクラって知《し》っていますか？
日本人《にほんじん》ならみんな知《し》ってるんじゃない？
そのサクラではなく、お店《みせ》にたのまれてレビューに高《たか》い点数《てんすう》をつける「ステマ」の一種《いっしゅ》ですね

ステマ（ステルス・マーケティング）って？

広告《こうこく》と明記《めいき》せずに、商品《しょうひん》を宣伝《せんでん》したり、商品《しょうひん》に関《かん》する高評価《こうひょうか》の口《くち》コミを発信《はっしん》したりして、お店《みせ》がもうかるようにすること。

MK123
★★★★★
この商品《しょうひん》を使《つか》ってみたら、
すごく良《よ》かった。
びん感《かん》はだの人《ひと》には
ぜったいおすすめ！

サイトの評価《ひょうか》が良《よ》ければ、それを見《み》た人《ひと》が物《もの》を買《か》ったり、お店《みせ》に足《あし》を運《はこ》んだりします。その結果《けっか》お店《みせ》がもうかる構造《こうぞう》なのです

えー！
そんなのずるいよ！
口《くち》コミやレビューは注意《ちゅうい》して見《み》る必要《ひつよう》があるってことだね！

広告《こうこく》なのに広告《こうこく》と言《い》わずに有名人《ゆうめいじん》に商品《しょうひん》を使《つか》ってもらったり、身《み》につけて動画《どうが》に出《て》てもらったりするのもステマです

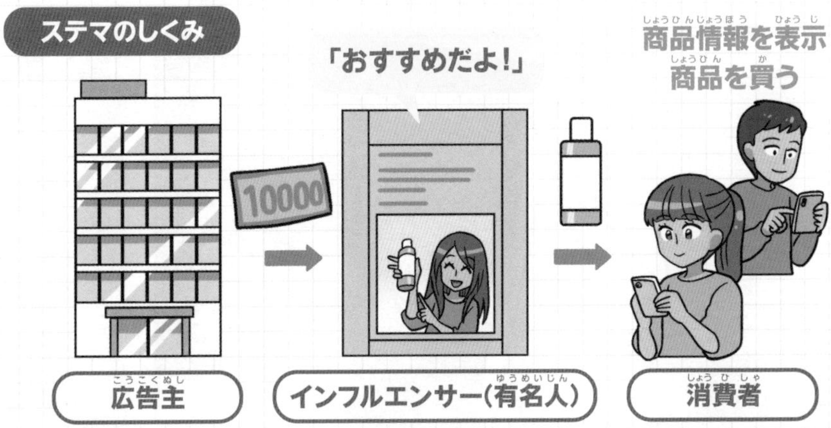
ステマのしくみ
「おすすめだよ！」
商品情報《しょうひんじょうほう》を表示《ひょうじ》
商品《しょうひん》を買《か》う
10000
広告主《こうこくぬし》
インフルエンサー（有名人《ゆうめいじん》）
消費者《しょうひしゃ》

広告主《こうこくぬし》の企業《きぎょう》は有名《ゆうめい》人《じん》にお金《かね》をはらったり、商品《しょうひん》をタダであげたりして使《つか》ってもらう

広告主《こうこくぬし》がいらいしているのに「広告《こうこく》PR《ピーアール》」だと示《しめ》さずに有名人《ゆうめいじん》がSNS《エスエヌエス》などに商品《しょうひん》の感想《かんそう》を投《とう》こう

有名人《ゆうめいじん》が使《つか》うのを見《み》て、ファンがその商品《しょうひん》を買《か》う

ステマってそもそも悪《わる》いことなのかな？
お金《かね》や商品《しょうひん》をもらっているからおすすめしているんだとしたら、だまされた気分《きぶん》になるな
消費者《しょうひしゃ》は、その有名人《ゆうめいじん》が本《ほん》心《しん》で「いい！」と伝《つた》えたいものをしょうかいしていると、思《おも》ってしまいますからね

ポイント！

宣伝《せんてん》なら宣伝《せんてん》だとはっきりわかるように表示《ひょうじ》するよう法律《ほうりつ》で定《さだ》められています。レビューや有名人《ゆうめいじん》の言葉《ことば》に流《なが》されて買《か》うのではなく、本当《ほんとう》に自分《じぶん》に必要《ひつよう》なのかを判断《はんだん》する意識《いしき》が大切《たいせつ》です。

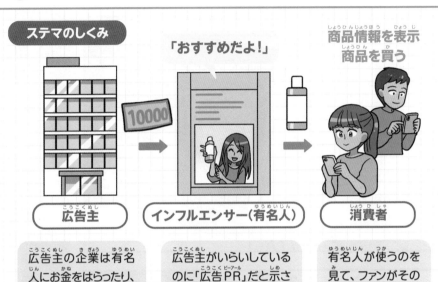

ネットにスパイがいるの？

ある夜《よ》…
フン
フン
フーン
ん？
Hender《ヘンダー》の新《あたら》しいギターが出《で》ました！
今《いま》ならギターの楽《がく》ふが30%《パーセント》オフ!!
ボクの好《す》きなものが2つも出《で》てくるなんてすごいぐうぜんだな！
翌日《よくじつ》
ねえ、昨日《きのう》の「Hender《ヘンダー》の新《あたら》しいギターが出《で》ました」っていうネットのお知《し》らせ見《み》た？
そんなお知《し》らせ、ワタシには来《き》てないよ

そういえば「メッシュ選手《せんしゅ》の新《あたら》しいユニフォームが発売《はつばい》された」っていうニュース見《み》た？
NEW
ぼくに届《とど》いたのは「最新式《さいしんしき》のゲーミングチェア」の情報《じょうほう》でしたけど…
それって…
ぞ
ぞ
ぞ
ど、ど、ど、どうしてボクたちそれぞれの興味《きょうみ》のあるものがわかるんだ……
き、き、き、きっとスパイよ
どこかにスパイがいてワタシたちを見《み》てるのよ
キョロキョロ
ガタ
これは確《たし》かに不気味《ぶきみ》ですね……

個《こ》人《じん》情《じょう》報《ほう》がもれている？

いいところに気《き》がつきましたね。インターネットでは、あらゆるところで自分《じぶん》の情報《じょうほう》が集《あつ》められているのです

でも、ボク、インターネットに〝ギターが好《す》きです〟なんて書《か》きこんだことはないよ

質問《しつもん》です！

人《ひと》に話《はな》したことはないけれど、いつもラーメン屋《や》のメニューを見《み》ている人《ひと》がいます。その人《ひと》はラーメン好《ず》きでしょうか？

メニュー

そりゃ、好《す》きでしょ！

あ、そうか！

ボクがいつもギターのことを調《しら》べているからか！

正解《せいかい》です

動画《どうが》サイトでもギターに関係《かんけい》のある動画《どうが》を見《み》ていませんか？

見《み》てる！

インターネットはあらゆるところで、利用者《りようしゃ》のデータを集《あつ》めて広告《こうこく》に利用《りよう》しているのです

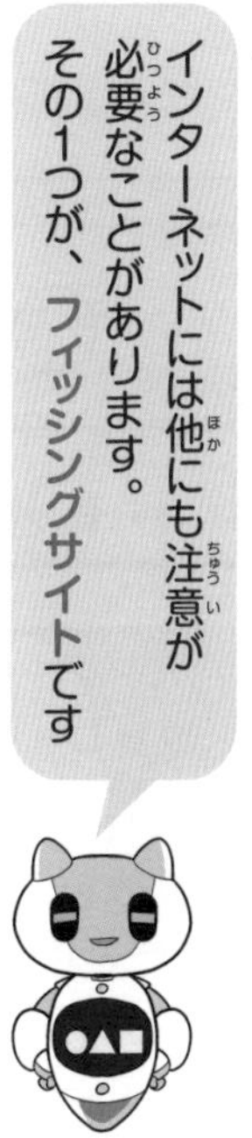
インターネットには他《ほか》にも注意《ちゅうい》が必要《ひつよう》なことがあります。その1つが、フィッシングサイトです

「フィッシングサイト」は危《あぶ》ない!

多《おお》くの人《ひと》に関係《かんけい》のありそうな会社《かいしゃ》の名前《なまえ》でメールを送《おく》りつけ、「急《いそ》いでこのサイトにアクセスして、情報《じょうほう》を入力《にゅうりょく》してください」といって個人情報《こじんじょうほう》を入力《にゅうりょく》させようとする、さぎのサイト。

急《いそ》いでここにアクセスしてください!
http://www.shop…

どんなときでも、個人情報《こじんじょうほう》は簡単《かんたん》に入力《にゅうりょく》したりしないというのが鉄則《てっそく》ですね

フィッシングのしくみ

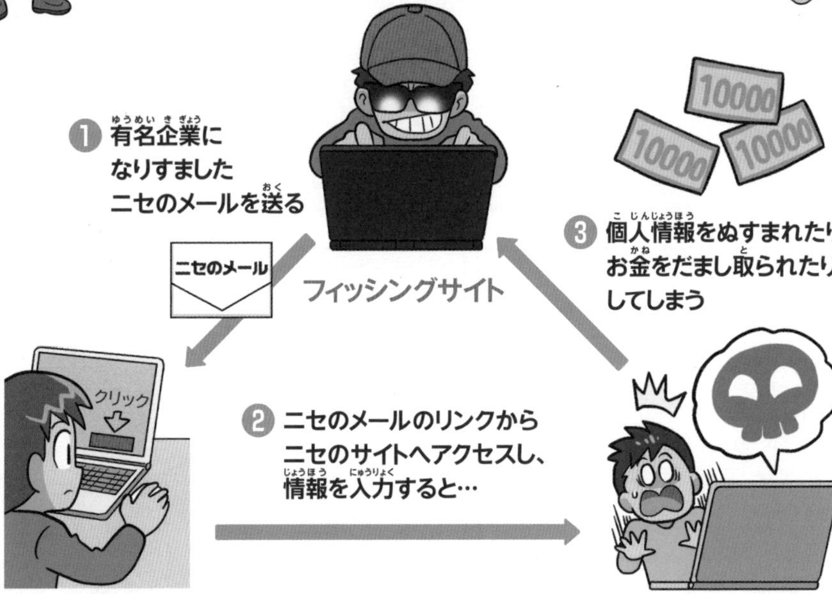
❶ 有名企業《ゆうめいきぎょう》になりすましたニセのメールを送《おく》る
ニセのメール
フィッシングサイト
❷ ニセのメールのリンクからニセのサイトへアクセスし、情報《じょうほう》を入力《にゅうりょく》すると…
❸ 個人情報《こじんじょうほう》をぬすまれたり、お金《かね》をだまし取《と》られたりしてしまう
クリック
10000

ポイント!

あやしいメールに書《か》かれたリンクは、ぜったいにクリックしないよう気《き》をつけましょう。個人情報《こじんじょうほう》を気軽《きがる》に入力《にゅうりょく》するのもダメ。セキュリティソフトを入《い》れるのも有効《ゆうこう》な対策《たいさく》です。

ボク、ネットショップで買《か》ったギターを返品《へんぴん》することにしたよ
問《と》い合《あ》わせたら返品《へんぴん》しても大丈夫《だいじょうぶ》だって
色《いろ》はサイトを見《み》るパソコンによってちがって見《み》えることがあるって
よかったじゃん！
せっかくためたおこづかいを納得《なっとく》いかないギターに使《つか》うのはモヤモヤするもんね
うん 次《つぎ》は楽器屋《がっきや》さんに行《い》ってみることにしたよ
色《いろ》はもちろんだけど、音《おと》やひきやすさも確《たし》かめておきたいしね
ぼくはヘッドセットについて他《ほか》のオンラインショップや口《くち》コミを見《み》てみたのですが
どこも評価《ひょうか》が高《たか》くて安心《あんしん》しました

ネット ショッピングは 便利《べんり》だけど、 自分《じぶん》が 手《て》に取《と》ったことの ないものや
体《からだ》に フィット させたいものは お店《みせ》に買《か》いに行《い》くのも 手《て》だね
ネットショッピングは、 商品《しょうひん》を実際《じっさい》に見《み》ることが できないので
返品《へんぴん》の決《き》まりを 確認《かくにん》して おきましょう
いくつかのサイトを くらべて、 よーく考《かんが》えて 買《か》い物《もの》をしなくては いけません
ネットでは 知《し》らないうちに、 自分《じぶん》の好《この》みの情報《じょうほう》が すい取《と》られている こともあったわね
おかげで、 自分《じぶん》の興味《きょうみ》があるものを おすすめしてくれて 便利《べんり》だけど
簡単《かんたん》に 個人情報《こじんじょうほう》を流《なが》さないように 気《き》をつけなくちゃ
3人《にん》とも、 よくできました!

NEWS《ニュース》

パスワードを大切《たいせつ》に！

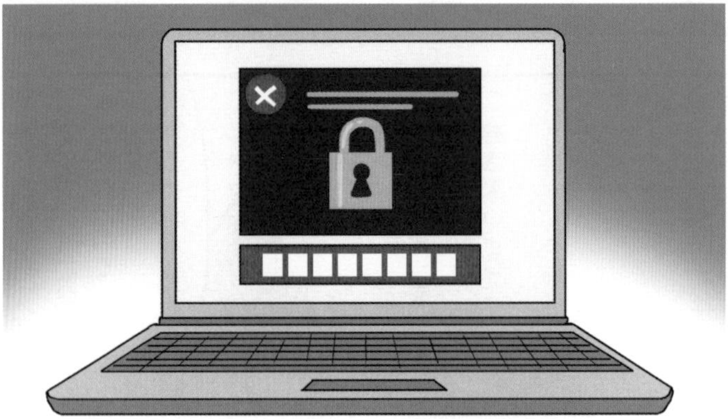

イツキキャスター

銀行口座《ぎんこうこうざ》の番号《ばんごう》など、重要《じゅうよう》な個人情報《こじんじょうほう》がもれるという事故《じこ》が起《お》きています。原因《げんいん》は、パスワードが流出《りゅうしゅつ》したことによるものと思《おも》われます。

オウタキャスター

実《じつ》はこのようなことは、世界中《せかいじゅう》でたくさん起《お》きているようですね。

マツリキャスター

どうしてパスワードの情報《じょうほう》がもれたのでしょうか？
ビットさんに聞《き》いてみましょう。

ビット解説員《かいせついん》

解説《かいせつ》　人《ひと》のパスワードをねらって、その人《ひと》の個人情報《こじんじょうほう》をゲットすることで、お金《かね》もうけをしようとしている悪《わる》い人《ひと》たちがいます。それを防《ふせ》ぐためには次《つぎ》の２つのパスワードをさけることが重要《じゅうよう》です。

危険《きけん》！

①簡単《かんたん》なパスワード

- 「abcd」「12345678」など
- 「qwerty」などキーボードの配列順《はいれつじゅん》
- 「apple」などひとつの英単語《えいたんご》
- 「pw」など短《みじか》すぎるもの

②推測《すいそく》しやすいパスワード

「名前《なまえ》」「生年月日《せいねんがっぴ》」「住所《じゅうしょ》」「ペットの名前《なまえ》」など
また、それらの組《く》み合《あ》わせ

8文字《もじ》以上《いじょう》で「大文字《おおもじ》・小文字《こもじ》のアルファベット・数字《すうじ》」の組《く》み合《あ》わせが推《すい》しょうされます。

同《おな》じパスワードを、いろいろなところで使《つか》い回《まわ》すのも危《き》険《けん》です。1つがバレてしまうと、全《すべ》て知《し》られてしまうことになりますからね。

パスワードを作《つく》りすぎると、どのパスワードかがわからなくなりそう…。

それにパスワードをノートなどに書《か》いておくのも、そのノートを失《な》くしたときが心配《しんぱい》。

パスワードがだれかに知《し》られるということは、家《いえ》のカギをだれかにわたされるのと同《おな》じことです。

みんなもパスワードの管理《かんり》には気《き》をつけてくださいね！

第《だい》4問《もん》

フリマアプリ※で買《か》い物《もの》をするよ。出品者《しゅっぴんしゃ》や商品《しょうひん》が、信《しん》らいできるか確《たし》かめられる情報《じょうほう》はどれ？　全《すべ》て選《えら》んでね。

※個人《こじん》どうしが、ネット上《じょう》で物《もの》の売《う》り買《か》いをすることができるアプリ

1

2

ゲームソフト
「コメカミくんの大冒険《だいぼうけん》」(NTD_SW)
¥1,500（税《ぜい》こみ・送料《そうりょう》こみ）

3

♡ いいね　　コメント(500)

4

【商品《しょうひん》の説明《せつめい》】
数回遊《すうかいあそ》んだだけなので、状態《じょうたい》は良《よ》いです。
パッケージもあります。

5

出品者《しゅっぴんしゃ》　★★★★☆
ビットさん　　本人確認済《ほんにんかくにんずみ》

答《こた》えは141ページにあるよ。

第《だい》5章《しょう》

見《み》えないからこそ注《ちゅう》意《い》を！

情《じょう》報《ほう》発《はっ》信《しん》のマナー

ピコーン
マツリ
明日《あす》ぬき打《う》ちで
家庭科《かていか》のテストがあるみたい
オンラインで問題《もんだい》が出《だ》されて、
先生《せんせい》から指名《しめい》されて
答《こた》えられなかった人《ひと》には
山《やま》ほど宿題《しゅくだい》が出《で》るってよ
ええー!!?
やばい、やばい
ぜんぜん勉強《べんきょう》なんて
してないぞ
くそ〜、
今夜《こんや》は
てつ夜《や》だぁ〜!

この情《じょう》報《ほう》はだれから?

じゃあ、出席《しゅっせき》を確認《かくにん》するぞー
チュン
チュン
はーい…
げぞーー…
げぞーー〜…
どうした?
みんな何《なん》だか元気《げんき》がないぞ
げぞー
みんなもぬき打《う》ちテストの情報《じょうほう》をゲットしたのかな?
みんなねむそうだ。
でもマツリのおかげで、今日《きょう》のテストはきっと大丈夫《だいじょうぶ》!
フッフッフ…

よーし、家庭科《かていか》の時間《じかん》だ
みんな教科書《きょうかしょ》の準備《じゅんび》はできてるかな？
今日《きょう》は5大栄養素《だいえいようそ》の続《つづ》きをやるぞー
家庭科 5年生
数十分《すうじっぷん》後《ご》
今日《きょう》の家庭科《かていか》はこれで終《お》わり
えぇーーーっ
先生《せんせい》あのー、テストは？
テスト？
やるなんて言《い》ってないぞ じゃあ今日《きょう》は終《お》わりー

マツリ！だますなんてひどいじゃないか！またボクのことからかったの？
誤解《ごかい》だよ！ワタシはオウタから聞《き》いたの
オウタ、なんであんなウソをついたの!?
ちがいますよ！ぼくはスミレから聞《き》いたんです
え？
でもさっきスミレはトモから聞《き》いたって言《い》ってたよ
トモ
イズミ
トモはイズミが言《い》ってたって…
シュン
スミレ
そういえばイズミはシュンから教《おし》えてもらったって言《い》ってました
なにこれ？
だれが言《い》い始《はじ》めたのかわかんないじゃん！
完全《かんぜん》にフェイクニュースですね
……

フェイクニュースってなに？

インターネットには、本当《ほんとう》ではない記事《きじ》が公開《こうかい》されていることがあります。それが「フェイクニュース」

フェイクニュースって？

フェイクはにせ物《もの》のこと。フェイクニュースは、本当《ほんとう》ではないのに多《おお》くの人《ひと》に流《なが》されるウソの情報《じょうほう》のこと。「デマ」「ガセ」という言《い》い方《かた》をすることもある。

最近《さいきん》はAI《エーアイ》を使《つか》って、まるで本当《ほんとう》の写真《しゃしん》や動画《どうが》のように見《み》せることができ、ウソかホントかを見破《みやぶ》るのが難《むずか》しくなっています

フェイクニュースは、信《しん》じないでおこう！

どうやってそれがフェイクニュースだってわかるんです？

その見極《みきわ》めって難《むずか》しいよねぇ

実際《じっさい》にあった世界《せかい》のフェイクニュースの例《れい》

「ある大統領《だいとうりょう》が本当《ほんとう》にしゃべっている」かのような動画《どうが》を作《つく》って拡散《かくさん》された結果《けっか》、みんながそれを本当《ほんとう》の大統領《だいとうりょう》の言葉《ことば》だと信《しん》じてしまった。

トイレットペーパー

「トイレットペーパーが足《た》りなくなる」というフェイクニュースが流《なが》された結果《けっか》、多《おお》くの人《ひと》がトイレットペーパーを買《か》いに行《い》き、店《みせ》からトイレットペーパーがなくなった。

「動物園《どうぶつえん》からライオンがにげた」というフェイクニュースが流《なが》され、みんなが警《けい》かいして外《そと》に出《で》られなくなった。

指名手配《しめいてはい》

「この人《ひと》が子《こ》どものゆうかい犯《はん》だ」というフェイクニュースが拡散《かくさん》された結果《けっか》、本当《ほんとう》は事件《じけん》と無関係《むかんけい》の人《ひと》が犯人《はんにん》にされてしまった。

情報《じょうほう》の注意点《ちゅういてん》

❶ 情報元《じょうほうもと》をしっかり確認《かくにん》する

❷ いつの情報《じょうほう》か確認《かくにん》する

❸ いくつかの情報《じょうほう》を比《ひ》かくする

これ、第《だい》2章《しょう》で考《かんが》えたことと関係《かんけい》あるよね？
すばらしい！中身《なかみ》は覚《おぼ》えていますか？
ですよね？

デマを広《ひろ》げないようにするには？

気《き》をつけていても、知《し》らないうちに自分《じぶん》がフェイクニュースを発信《はっしん》したり、ふり回《まわ》されてしまったりすることがあります

そんなひどいことをしちゃうかな…

だれかをだまそうとデマを流《なが》しているつもりはなく、人《ひと》から聞《き》いた話《はなし》を「相手《あいて》のために」と思《おも》って拡散《かくさん》してしまう場合《ばあい》があります

ケース1 「みんなに知《し》らせてあげなきゃ！」親切《しんせつ》な気持《きも》ちで広《ひろ》げてしまう

たいへん！
教《おし》えてあげなきゃ
あしたテストだって！

「これはデマだ」と思《おも》っていても、他《ほか》の人《ひと》が行動《こうどう》しているのを見《み》て、「やっぱり念《ねん》のために行動《こうどう》しておこう」となる場合《ばあい》もあります

ケース2 「みんながやっているから…」信《しん》じていなくても行動《こうどう》してしまう

お店《みせ》からトイレットペーパーがなくなるって?

トイレットペーパー

信《しん》じた人《ひと》

スーパー

急《いそ》いでスーパーに買《か》いに行《い》く

信《しん》じていないけど…

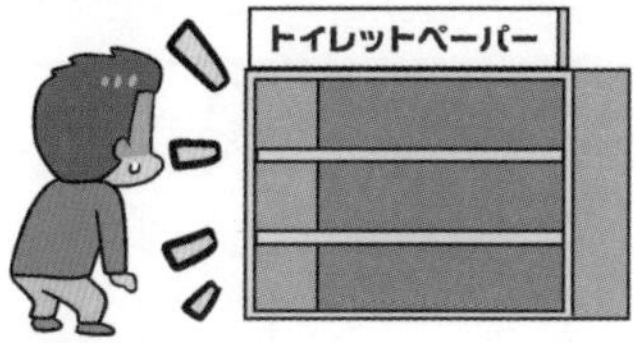
トイレットペーパー

信《しん》じた人《ひと》たちが買《か》うとなくなってしまうので、結局《けっきょく》スーパーに走《はし》る

フェイクニュースをなくすのって難《むずか》しそう
人《ひと》から聞《き》いたことを他《ほか》の人《ひと》に伝《つた》えるときはしんちょうにしないとね
人《ひと》に回《まわ》してしまったら、自分《じぶん》にも責任《せきにん》があるってことだね

ポイント!

親切《しんせつ》な気持《きも》ちでみんなに情報《じょうほう》を伝《つた》えた結果《けっか》、自分《じぶん》がフェイクニュースを広《ひろ》げてしまうことも。一人《ひとり》ひとりが情報《じょうほう》の出《で》どころなどをしっかり確《たし》かめてから発信《はっしん》することが大切《たいせつ》です。

書《か》きこみで傷《きず》つく人《ひと》がいる？

今日《きょう》もみんないるな、授業《じゅぎょう》を始《はじ》めるぞ
ピコーン
マツリ
イツキ知《し》ってる？
ノゾミって、ネットの世界《せかい》でちょっとした有名人《ゆうめいじん》なんだよ
へー、そうなの？
オウタ
「nozo《のぞ》3」で調《しら》べると、ノゾミの動画《どうが》がたくさん出《で》てきますよ
カタカタカタ
ノゾミちゃんねる。
へぇ、いろいろなアイドルの歌《うた》を歌《うた》ったり、アイドルのしょうかいをしたりしてるんだぁ
クラスではあんまり目立《めだ》たないのに、こんなことしてるなんて意外《いがい》だな
ノゾミが○○をうたってみた
タップ
ジャーン
うわ！
びっくりした！
ストップ！
ラララ～ッ

イッキ！
授業中《じゅぎょうちゅう》に何《なに》やってんだ
びっくりしたのは
こっちだぞ
あー
マイクが
オンになってた！
ご、ごめんなさい
ピコーン
さっきの
あたしの動画《どうが》でしょ?
見《み》てくれてありがとう♡
ノゾミ
ノゾミ
からだ
♡なんて、
ボクのこと
好《す》きなのかなぁ?
キャー♡
イッキ、
さっきから
何《なに》やってんだ?
びっくりしたと
思《おも》ったら
デレデレして
しまったー、
まだマイク
オンのままだった！
ガーン
すごく上手《じょうず》！
もっといっぱい歌《うた》ってください
ワタシの大好《だいす》きなアイドルを
解説《かいせつ》してくれてありがとう！
この曲《きょく》いいよね！
歌姫降臨《うたひめこうりん》
みんなから
〝いいね〟されてる
すごいなぁ

翌日《よくじつ》
おはよう！今日《きょう》はノゾミが休《やす》みか？
ピコーン
ノゾミ、大丈夫《だいじょうぶ》かな
あれはちょっとキツイよね…
マツリ
ノゾミ、何《なに》か
あったの？
イツキ
カタ
カタ
ピコーン
http//nozo3…/…/
オウタ
ノゾミの動画《どうが》のリンク？
新人《しんじん》アイドル
ライちゃんを語《かた》ろう！
4
456
新人《しんじん》アイドルライちゃんを語《かた》ろう！
97件《けん》のコメント
ライちゃんをバカにするな！
何様《なにさま》のつもり？
あんたの100倍有名《ばいゆうめい》だから！
もう動画《どうが》あげないでください

オウタ
新人《しんじん》アイドルの解説《かいせつ》をしたとき、“まだまだ有名《ゆうめい》じゃないけど”と言《い》ったことが原因《げんいん》みたいですね
カタ カタ
まだまだ有名《ゆうめい》じゃないけど
カタ カタ
マツリ
“これから先《さき》、注目《ちゅうもく》です”って言《い》ってるんだから、ノゾミに悪気《わるぎ》はないと思《おも》うけど…
昨日《きのう》までは、あんなに「いいね」がついていたのに…
たったひと言《こと》でこんなにきらわれてしまうなんて…

自《じ》分《ぶん》の意《い》見《けん》は自《じ》由《ゆう》に書《か》いていい？

あらら…「炎《えん》上《じょう》」してしまったのですね

世《よ》の中《なか》にはいろいろな人《ひと》がいるから、さまざまな意《い》見《けん》があるのも現《げん》実《じつ》なのです

炎《えん》上《じょう》って？

インターネット上《じょう》で投《とう》こうした話《わ》題《だい》についてコメントが盛《も》り上《あ》がり、多《おお》くのブログやけい示《じ》板《ばん》などで批《ひ》判《はん》されて、収《おさ》まりがつかない状《じょう》態《たい》。

ノゾミは悪《わる》く言《い》ったつもりはないけれど、それを悪《わる》い意《い》味《み》で受《う》け取《と》った人《ひと》もいたのね

そのアイドルをすごく好《す》きな人《ひと》が世《よ》の中《なか》にはたくさんいて、その人《ひと》たちにとっては気《き》分《ぶん》が良《よ》くなかったんですね

自《じ》分《ぶん》の意《い》見《けん》を自《じ》由《ゆう》に発《はっ》信《しん》できるのはいいことだけど、「みんなが自《じ》分《ぶん》の意《い》見《けん》を見《み》てる」っていうのはこわいことでもあるな

ネットの世界《せかい》では、だれでも気軽《きがる》に自分《じぶん》の意見《いけん》を発信《はっしん》できるようになりました。その分《ぶん》、発信《はっしん》したものは知《し》らないうちに多《おお》くの人《ひと》に見《み》られています

どうちがう?

ネットの世界《せかい》

- 自分《じぶん》の声《こえ》や自分《じぶん》が書《か》いた文章《ぶんしょう》がいっしゅんで世界中《せかいじゅう》に共有《きょうゆう》される(知《し》らない相手《あいて》・多数《たすう》)。
- いったん発信《はっしん》した意見《いけん》は残《のこ》り続《つづ》ける。相手《あいて》がどんなようすかを見《み》ながら発信《はっしん》することができない。

リアルの世界《せかい》

- 自分《じぶん》の声《こえ》や書《か》いた文章《ぶんしょう》を見《み》られるはん囲《い》が限《かぎ》られている(相手《あいて》がわかる・少数《しょうすう》)。
- 相手《あいて》のリアクションを見《み》ながら発《はっ》信《しん》できる。かんちがいされたらすぐにてい正《せい》できる。

ポイント!

ネットは不特定多数《ふとくていたすう》の人《ひと》が見《み》るので、自分《じぶん》の意見《いけん》に賛成《さんせい》の人《ひと》も反対《はんたい》の人《ひと》もたくさんいます。発言《はつげん》には気《き》をつけなくてはいけません。意見《いけん》を言《い》うからには批判《ひはん》をされる覚《かく》ごも必要《ひつよう》です。

気軽《きがる》にネットで
発信《はっしん》するのが
こわくなっちゃったな…

とく名《めい》なら何《なに》を書《か》いてもいい？

5年《ねん》1組《くみ》　けい示板《じばん》
1
2
こんなのができたんだ！
12：名《な》なし　20××/11/05　12:21
はやく遊《あそ》びたい
13：名《な》なし　20××/11/05　18:45
天気《てんき》よかったから体育《たいいく》したくなった
14：名《な》なし　20××/11/05　20:14
今日《きょう》の宿題《しゅくだい》
ちょっと多《おお》すぎるよね
あれ？
これチャットとちがって
発言《はつげん》した人《ひと》の名前《なまえ》が
表示《ひょうじ》されないぞ
オウタ
・・・・・・・
マツリ
・・・・・・・

今日《きょう》の宿題《しゅくだい》
ちょっと多《おお》すぎるよね
15：名《な》なし　20××/11/05　20:22
ワタシも正直《しょうじき》そう思《おも》ってた！
スッ
16：名《な》なし　20××/11/05　20:24
そもそも宿題《しゅくだい》ってやんなきゃいけないのかな？
スッ
だれが言《い》ってるのかわからないけど…
しみじみ
ボクも、気持《きも》ちわかるなぁ
あっ、名前《なまえ》をふせてるからこそ、みんなふだん思《おも》っていても言《い》えないことが言《い》えるのか！
すごくいいことだ
イッキー、おふろ入《はい》ってらっしゃーい
は――い

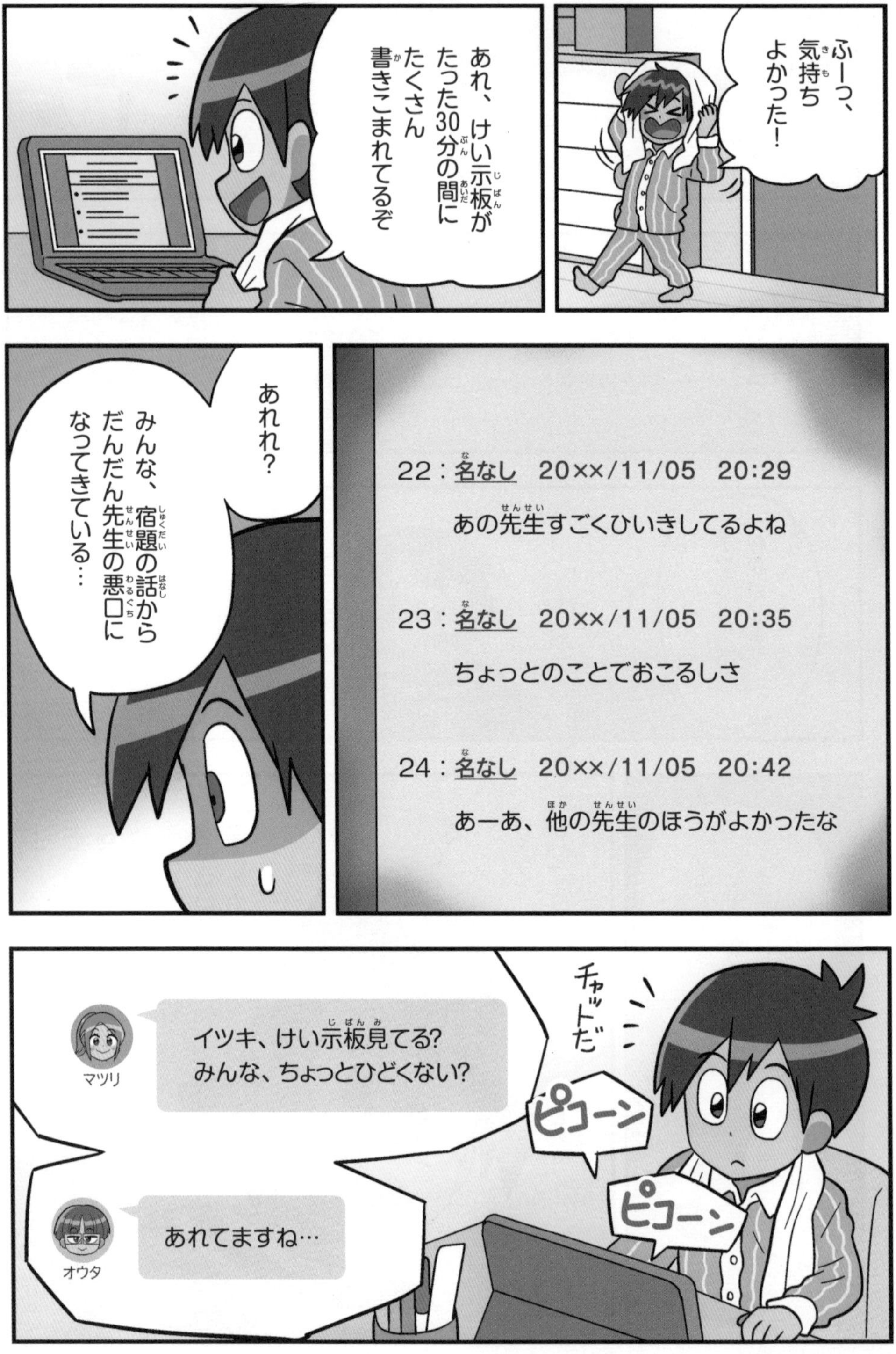

ふーっ、気《き》持《も》ちよかった!
あれ、けい示板《じばん》がたった30分《ぷん》の間《あいだ》にたくさん書《か》きこまれてるぞ
22：名《な》なし　20××/11/05　20:29
あの先生《せんせい》すごくひいきしてるよね
23：名《な》なし　20××/11/05　20:35
ちょっとのことでおこるしさ
24：名《な》なし　20××/11/05　20:42
あーあ、他《ほか》の先生《せんせい》のほうがよかったな
あれれ? みんな、宿題《しゅくだい》の話《はなし》からだんだん先生《せんせい》の悪口《わるくち》になってきている…
チャットだ
ピコーン
ピコーン
マツリ
イツキ、けい示板《じばん》見《み》てる? みんな、ちょっとひどくない?
オウタ
あれてますね…

マツリ
みんな、いつもは
そんなこと言《い》ってないのに
カタ カタ
カタ カタ カタ
こんなにたくさんの人《ひと》が、
実《じつ》は不満《ふまん》だったのかな
イツキ
オウタ
名前《なまえ》が表示《ひょうじ》されませんから、
何人《なんにん》が参加《さんか》してるのかはわからないですね
そっか、実《じつ》は2人《ふたり》だけで
書《か》きこんでるってこともあるのか
イツキ
ひょっとすると、
1人《ひとり》がずっと書《か》いてる
可能性《かのうせい》だってあります
それにしても、
ちょっとひどいよね。
もし先生《せんせい》がこれを見《み》たら…
う〜〜ん

「とく名《めい》」のメリット・デメリットは？

名前《なまえ》を公開《こうかい》しない「とく名《めい》」だと、ふだんは言《い》えないようなことでも、言《い》うことができます

とく名《めい》って?

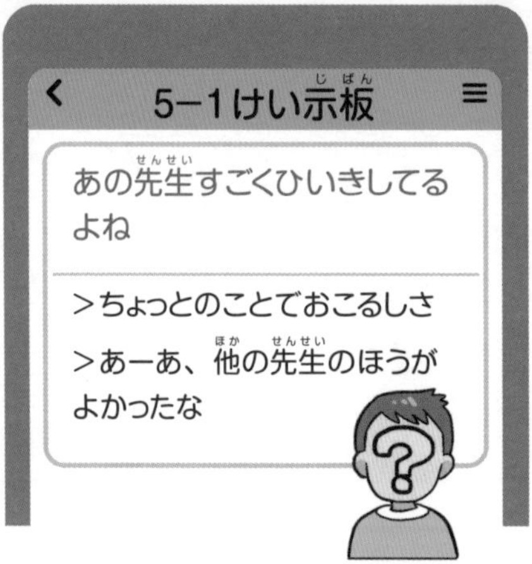

5ー1けい示板《じばん》
あの先生《せんせい》すごくひいきしてるよね
>ちょっとのことでおこるしさ
>あーあ、他《ほか》の先生《せんせい》のほうがよかったな

とく名《めい》とは、名前《なまえ》などの身元《みもと》をかくして情報《じょうほう》を発信《はっしん》すること。本人《ほんにん》の発言《はつげん》や行動《こうどう》によって、その人《ひと》が不利益《ふりえき》にならないようにすることがねらい。

とく名《めい》の メリット

「相手《あいて》をおこらせるかも」「きらわれないよう意見《いけん》を合《あ》わせておこう」などと気《き》にしなくていいので、素直《すなお》に思《おも》っていることを言《い》いやすい。

言《い》えない…

とく名《めい》の デメリット

自分《じぶん》の名前《なまえ》も知《し》られないし、つながりもない。その場《ば》だけの関《かか》わりなので、相手《あいて》の気持《きも》ちに気《き》をつかわず、相手《あいて》を傷《きず》つけるようなことも言《い》ってしまう。

ノゾミのときも
思《おも》ったけど、
とく名《めい》けい示板《じばん》の
コメントって、
ふだんよりも
言葉《ことば》がきついよね

用語解説《ようごかいせつ》

【 とく名《めい》けい示板《じばん》 】

自分《じぶん》の名前《なまえ》などのプロフィールを明《あ》かさずに、書《か》きこみができるネットのけい示板《じばん》。

12:名《な》なし　20××/10/10　16:20
ライちゃんをバカにするな!

13:名《な》なし　20××/10/10　16:25
何様《なにさま》のつもり?

14:名《な》なし　20××/10/10　16:32
あんたの100倍有名《ばいゆうめい》だから!

15:名《な》なし　20××/10/10　16:40
もう動画《どうが》をあげないでください

いつも優《やさ》しい子《こ》が
ネットだと急《きゅう》に
厳《きび》しくなったりする
のかな?

でも、それが
その人《ひと》の本心《ほんしん》って
ことになりますね

ポイント!

意見《いけん》を書《か》きこむときは、どんな相手《あいて》に対《たい》しても思《おも》いやりを忘《わす》れないようにしましょう。みんながインターネットを安心《あんしん》して利用《りよう》するために大切《たいせつ》なポイントです。

本心《ほんしん》だからこそ、
お店《みせ》や商品《しょうひん》の
とく名《めい》のレビューを
参考《さんこう》にする人《ひと》も
多《おお》いんだろうな

けい示板《じばん》の
先生《せんせい》の悪口《わるくち》のこと
なんだけど…
やっぱり本人《ほんにん》の前《まえ》で
言《い》えないようなことを、
とく名《めい》だからって
けい示板《じばん》に書《か》きこむのは
ぜったいよくないよ
そうだね、
ワタシもかげ口《ぐち》は
ひきょうだと思《おも》う！
先生《せんせい》が
このけい示板《じばん》の
書《か》きこみを見《み》たら、
きっと悲《かな》しい
気持《きも》ちになるよ
相手《あいて》がどんな
気持《きも》ちになるか
考《かんが》えないと
いけないよ
何《なん》の解決《かいけつ》にも
なりませんからね
先生《せんせい》に直《なお》してほしい
ことがあるなら、
直接《ちょくせつ》伝《つた》えて
話《はな》し合《あ》わないと
いけません

自分《じぶん》が同《おな》じことをされたらどう思《おも》うか、想像力《そうぞうりょく》をはたらかせて言葉《ことば》にすることが大切《たいせつ》なのです
ねえ、ボク、このけい示板《じばん》に書《か》きこもうと思《おも》うんだ
え!?
だれが書《か》いたのかわからないけど、このまま見過《みす》ごすのは何《なん》だかモヤモヤするんだ
「言《い》いたいことは本人《ほんにん》に直接《ちょくせつ》言《い》ったほうがいいよっ」て伝《つた》えたいから
確《たし》かに! イッキ、いい考《かんが》えだよ!
ぼくも賛成《さんせい》です! いっしょに投《とう》こうしましょう

35：名《な》なし　20××/11/06　17:02

ここで言《い》っても解決《かいけつ》にはならないし、かげ口《ぐち》になっちゃうよ。
それに、先生《せんせい》がこれを見《み》たらきっと悲《かな》しむ。
こういう話題《わだい》はやめて、もっとポジティブな書《か》きこみをしようよ！
I,O,Mより

NEWS《ニュース》

メタバースってなに？

ビット解説員《かいせついん》

メタバースは『メタ(meta／ちょうえつした)』と、『ユニバース(universe／宇宙《うちゅう》)』を組《く》み合《あ》わせた言葉《ことば》で、インターネット上《じょう》の仮想空間《かそうくうかん》のことです。

オウタキャスター

メタバースでは現実世界《げんじつせかい》と同《おな》じようにさまざまな建物《たてもの》が建《た》ちならび、自身《じしん》の分身《ぶんしん》であるアバターを使《つか》って、自由《じゆう》に活動《かつどう》したり、他《ほか》の人《ひと》とコミュニケーションをとったりして楽《たの》しむことができるんですよね。

イツキキャスター

ゲームをしたり、イベントに参加《さんか》したり、会議《かいぎ》をしたり、さまざまな使《つか》い方《かた》ができるようです。

用語解説《ようごかいせつ》

アバター…仮想空間上《かそうくうかんじょう》に登場《とうじょう》するユーザーの分身《ぶんしん》となるキャラクターのこと。

▼イベントに参加《さんか》！

▼会議《かいぎ》もできる！

マツリキャスター

実際《じっさい》は遠《とお》くに住《す》んでいて会《あ》えない人《ひと》に会《あ》えたり、ウイルス感染《かんせん》などを気《き》にせず会話《かいわ》できたり、現実《げんじつ》だと難《むずか》しいことがメタバースでは簡単《かんたん》にできます。

足《あし》が不自由《ふじゆう》な人《ひと》が、メタバースでは自由《じゆう》に動《うご》くことができます。性別《せいべつ》や人種差別《じんしゅさべつ》、様々《さまざま》なコンプレックスから解《かい》放《ほう》されるのです。

なるほど、メタバースでは、現実《げんじつ》での問題《もんだい》に制限《せいげん》されることなく、コミュニティを持《も》つことができますね。

ただし、不正《ふせい》にログインされると、自分《じぶん》のアバターになりすまして、信《しん》らい関係《かんけい》が悪化《あっか》するようなやり取《と》りをされるおそれがあります。

メタバースの世界《せかい》にのめりこんでしまうと、その世界《せかい》にいぞんしすぎて、リアル空間《くうかん》での生活《せいかつ》に悪《あく》えいきょうが出《で》るともいわれていますね。

解説《かいせつ》 メタバースは多《おお》くの人《ひと》と自由《じゆう》なコミュニケーションがとれたり、一体感《いったいかん》を味《あじ》わえたりする一方《いっぽう》で、注意《ちゅうい》すべき点《てん》も多《おお》くあります。

エピローグ

オンラインと上手《じょうず》につき合《あ》おう！

いろいろな
ことがあった
コメカミ小学校《しょうがっこう》の
オンライン生活《せいかつ》
キーンコーン
カーンコーン
どうやら、
オンライン授業《じゅぎょう》は
ひとまず終《しゅう》りょう
したようです
オハヨー
久《ひさ》しぶり～
元気《げんき》出《て》たー!?
もう大丈夫《だいじょうぶ》!
おー!!
生友《なまとも》～～!
（生《なま》の友《とも》だち）
ザワ
ザワ
ザワ
マツリー！
オウター！
会《あ》いたかった～！
ダダダダダダ
大《おお》げさですね
いつも会《あ》ってた
じゃないですか
やっぱり
オンラインと、
実際《じっさい》会《あ》うのとでは
ちがうよね
どどどどどどど

たった1か月間《げつかん》のオンライン授業《じゅぎょう》だったけど、いろいろあったね
やっぱりオンラインは便利《べんり》でしたよね
情報《じょうほう》もたくさん集《あつ》められるし、買《か》い物《もの》だって楽《らく》ちんです
5年《ねん》1組《くみ》 けい示板《じばん》
だけど、いろんな情報《じょうほう》が多《おお》すぎて困《こま》ったり人《ひと》がイヤな思《おも》いをするようなこともあったじゃん
こうして学校《がっこう》に来《き》てみると毎日《まいにち》重《おも》い荷物《にもつ》を持《も》って学校《がっこう》に来《き》たり、
宿題《しゅくだい》を忘《わす》れて提出《ていしゅつ》できなかったり、面《めん》どうなことも多《おお》いですよ
ワタシは実際《じっさい》に会《あ》って、人《ひと》とちゃんと顔《かお》を見合《みあ》わせて話《はな》すほうが気持《きも》ちが伝《つた》わる気《き》がするな
実際《じっさい》、どっちがいいんだろうね？

難《むずか》しいですね。デバイスやネットかん境《きょう》が用意《ようい》できない人《ひと》もたくさんいるし
情報《じょうほう》がたくさんあってだれとでも簡単《かんたん》につながれるからこそ、注意《ちゅうい》しなくちゃいけないこともあるって学《まな》びましたよね
オウタ、たまにはいいこと言《い》うじゃない
いろいろな事情《じじょう》で実際《じっさい》に学校《がっこう》に来《く》ることが難《むずか》しい人《ひと》もいて、
そういう人《ひと》たちにとってはオンラインのほうが助《たす》かるだろうし
それぞれのいいところを、うまく合《あ》わせていけるといいってことだね
そのためには、一人《ひとり》ひとりが情報《じょうほう》にふり回《まわ》されないように気《き》をつけて、
自分《じぶん》にとっていい使《つか》い方《かた》をしていくことが大切《たいせつ》ですね

顔《かお》が見《み》えなくても
おたがいマナーを
守《まも》りながら、
みんなが居心地《いごこち》のいい
ネットかん境《きょう》を
作《つく》ることも大切《たいせつ》ね
便利《べんり》なものを
作《つく》り出《だ》しても、
それをいいものにするか
悪《わる》いものにするかは
使《つか》う人間《にんげん》しだいって
ことだね！
ガラッ
おはよう！
よし、今日《きょう》は
ぬき打《う》ちテストを
するぞー
えー!!
ワタシが最後《さいご》に
言《い》おうとしていたことは、
3人《にん》が言《い》ってくれました
みんなが
よく学《まな》べたようで
ワタシもうれしいです
みなさんも
ぜひ上手《じょうず》に
インターネットと
関《かか》わっていって
くださいね

第《だい》1問《もん》 40ページ

答《こた》え ② ③ ⑤ ⑥ ⑧

SNS《エスエヌエス》に投《とう》こうした写真《しゃしん》にはたくさんの個人情報《こじんじょうほう》が入《はい》っています。住《す》んでいる場所《ばしょ》や通《かよ》っている学校《がっこう》、所属《しょぞく》している団体《だんたい》、しゅ味《み》や好《この》みなども個人情報《こじんじょうほう》です。自分以外《じぶんいがい》の人《ひと》が写《うつ》っている場合《ばあい》は、プライバシーのしん害《がい》にもなる可能性《かのうせい》があるので注意《ちゅうい》が必要《ひつよう》です。

SNS《エスエヌエス》に投《とう》こうした写真《しゃしん》に、マツリの個人《こじん》情報《じょうほう》がわかるところがあるよ。写真《しゃしん》の❶～❾のどこにマツリの個人情報《こじんじょうほう》がかくれているかな？

第《だい》2問《もん》 64ページ

答《こた》え ③

アニメ番組《ばんぐみ》の「著作権《ちょさくけん》」はアニメ制作会社《せいさくかいしゃ》やテレビ局《きょく》などにあります。無断《むだん》で録画《ろくが》した動画《どうが》をアップロードすることは著作権法《ちょさくけんほう》い反《はん》となります。い法《ほう》なアップロードだと知《し》りながらダウンロードした人《ひと》も、著作権法《ちょさくけんほう》い反《はん》でばっせられます。

テレビで放送《ほうそう》していたアニメを録画《ろくが》して、SNS《エスエヌエス》にアップロードしました。正《ただ》しいものを1つ選《えら》ぼう。

① アップロードした人《ひと》がばっせられる。

② ダウンロードした人《ひと》がばっせられる。

③ どちらもばっせられる可能性《かのうせい》がある。

第《だい》3問《もん》 88ページ

バースデーパーティーで集《あつ》まった3人《にん》の記念写真《きねんしゃしん》をとったイツキ。記念《きねん》にSNS《エスエヌエス》にその写真《しゃしん》を投《とう》こうしたいけれど、どうするとよい？ 正《ただ》しいものを1つ選《えら》ぼう。

HAPPY

1. 他《ほか》の2人《ふたり》に内《ない》しょて、SNS《エスエヌエス》に投《とう》こうする。
2. SNS《エスエヌエス》に投《とう》こうした後《あと》て、他《ほか》の2人《ふたり》にも報告《ほうこく》する。
3. 他《ほか》の2人《ふたり》に確認《かくにん》してからSNS《エスエヌエス》に投《とう》こうする。

答《こた》え ③

SNS《エスエヌエス》で写真《しゃしん》を公開《こうかい》するときに、自分以外《じぶんいがい》に写《うつ》っている人《ひと》が特定《とくてい》される可能性《かのうせい》がある場合《ばあい》「人格権《じんかくけん》」やプライバシーのしん害《がい》になることもあります。本人《ほんにん》のしょうだくなしに勝手《かって》に写真《しゃしん》をさつえいしたり、無断《むだん》で投《とう》こうしたりしてはいけません。

第《だい》4問《もん》 110ページ

フリマアプリ※で買《か》い物《もの》をするよ。出品者《しゅっぴんしゃ》や商品《しょうひん》が、信《しん》らいできるか確《たし》かめられる情報《じょうほう》はどれ？　全《すべ》て選《えら》んでね。

1
コメカミくんの大冒険
2
ゲームソフト
「コメカミくんの大冒険《だいぼうけん》」（NTD_SW）
¥1,500（税《ぜい》こみ・送料《そうりょう》こみ）
3
いいね
コメント(500)
4
【商品《しょうひん》の説明《せつめい》】
数回遊《すうかいあそ》んだだけなので、状態《じょうたい》は良《よ》いです。
パッケージもあります。
5
出品者《しゅっぴんしゃ》
★★★★☆
ビットさん
本人確認済《ほんにんかくにんずみ》

答《こた》え ①②③④⑤

個人《こじん》どうしの商品取《しょうひんと》り引《ひ》きは信《しん》らいできるかよく確認《かくにん》を。商品名《しょうひんめい》や型番《かたばん》は正確《せいかく》か、画《が》像《ぞう》がくわしく提示《ていじ》されているか、値段《ねだん》は見合《みあ》っているか、取引回数《とりひきかいすう》は少《すく》なすぎないか、コメントや評価《ひょうか》は良《よ》いか、本《ほん》人確認《にんかくにん》を行《おこな》っているかなど、きちんとチェックすることが重要《じゅうよう》です。

Point

※52ページ「著作権《ちょさくけん》」について…本書《ほんしょ》では、他者《たしゃ》の著作物《ちょさくぶつ》を利用《りよう》する際《さい》の基本的《きほんてき》なルールやマナーをわかりやすく伝《つた》えることをねらいとしているため、著作権法第《ちょさくけんほうだい》35条《じょう》の権利制限規定《けんりせいげんきてい》に基《もと》づく「授業《じゅぎょう》の過程《かてい》」での著作物《ちょさくぶつ》の利用《りよう》について言及《げんきゅう》しない形《かたち》で構成《こうせい》しています。

おわりに（おうちのかたへ）

インターネットをポジティブに使うために

冒頭の子どもたちへのメッセージでも触れましたが、これまで人類はいろいろなものを生み出してきました。薬物や原子力などが考えやすい例ですが、新しいものが発明されるたびに、「便利だから使おう」と、「危ないから使わないでおこう」という意見が対立してきました。その結果、気をつけながら使われているものもあれば、危ないから使わないようにしているものもあります。

本書で扱っているインターネットは、今の大人世代と共に成長してきました。インターネットがあまり普及していなくても普通に生活を送っていた世代と、生まれた時からインターネットが普及しているデジタルネイティブと呼ばれる世代との間では、インターネットに対する警戒心やリテラシー（用いる能力）など、あらゆる面で温度差があると感じます。

しかし、今や「使わない」という選択の余地がないほどに普及しているインターネット。そんな社会では「気をつけて使おう」というポジティブな方向へと子どもたちを導いてあげることが大切だと思います。

登場する子どもたちと一緒に笑ったり失敗したりしながら、インターネットとどう付き合っていくかについて、考えをめぐらせてほしいという願いを込めて本書をつくりました。

東京学芸大学附属世田谷小学校教諭　木村翔太

監修・アイデア　木村翔太

東京学芸大学附属世田谷小学校教諭

東京学芸大学大学院 教育学研究科修了。体育、英語を中心に全教科の授業を行いながら、「当たり前を問う面白さ」を学ぶ「てつがくラボ」の選択授業を担当。「正しさより面白さ」を教育の現場で実践する。東京学芸大こども未来研究所学術フェローを兼務。自治体主催の子育て講座などの講師も務める。

参考資料　総務省「国民のためのサイバーセキュリティサイト」
https://www.soumu.go.jp/main_sosiki/cybersecurity/kokumin/index.html
総務省「情報通信白書for Kids」
https://www.soumu.go.jp/hakusho-kids/
『ネットリテラシー・パーフェクトガイド』稲葉茂勝・鎌田靖／共著（新日本出版社）

写真提供　getty images

スタッフ　イラスト・マンガ／鈴木ぐり
AD／大藪胤美（フレーズ）
装丁／五味朋代（フレーズ）
本文デザイン／宮代佑子・岩瀬恭子（フレーズ）
編集／米原晶子
構成・文／上村ひとみ

小学生が身につけたい！ 考えるチカラ　どう付き合う？ ネットの世界

発行人　西村俊彦
編集人　田上恵一
編集長　内海恵美香
販売　入内島亘、松岡亜希
制作　吉田大輔
校閲　山本美智子
DTP　東京カラーフォト・プロセス株式会社
印刷・製本　共同印刷株式会社

2024年3月30日　初版第1刷発行
発行：株式会社ベネッセコーポレーション
〒206-8686 東京都多摩市落合1-34

【お問い合わせ】
サンキュ！ホットライン　TEL 0120-88-5039（通話料無料）
受付時間：土・日・祝日・年末年始を除く、10:00～12:00／13:00～17:00

【販売に関するお問い合わせ】
TEL 0120-050-535（受注センター）土・日・祝日・年末年始を除く